Wilhelm Schmundt

Die Aufgabe Mitteleuropas – Die Lehre vom sozialen Organismus in seiner Freiheitsgestalt als Brückenschlag zwischen Ost und West

Die Vortragsreihe: Band 4

Die Deutsche Bibliothek – CIP-Einheitsaufnahme

Schmundt Wilhelm:
Die Aufgabe Mitteleuropas : die Lehre vom sozialen Organismus in seiner Freiheitsgestalt als Brückenschlag zwischen Ost und West / Wilhelm Schmundt. –
Wangen : FIU-Verl., 1997
ISBN 3-928780-16-6 Gb.

ISBN 3-928780-16-6

Ausstattung, Bearbeitung und Herausgabe: Rainer Rappmann
Umschlaggestaltung: Rappmann / Walter
Satz: Druck und Grafik Angelika Kleb, Wangen
Druck: KLEB Druckerei, Wangen
Bindung: Buchbinderei Klotz, Jettingen
Printed in Germany

Wilhelm Schmundt

Die Aufgabe Mitteleuropas

Die Lehre vom sozialen Organismus
in seiner Freiheitsgestalt als Brückenschlag
zwischen Ost und West

FIU-Verlag

Wilhelm Schmundt anläßlich seines letzten öffentlichen Seminars beim Jugendkongress in Hamburg, 8/86

„Vor den Urphänomenen, wenn sie unseren Sinnen enthüllt erscheinen, fühlen wir eine Art von Scheu, bis zur Angst. Die sinnlichen Menschen retten sich ins Erstaunen; geschwind aber kommt der tätige Kuppler Verstand und will auf seine Weise das Edelste mit dem Gemeinsten vermitteln. –
Alles wahre Aperçu kommt aus einer Folge und bringt Folge. Es ist ein Mittelglied einer großen produktiv aufsteigenden Kette."

Goethe, Sprüche in Prosa

Vorwort eines Schülers

Als mich der Herausgeber dieses Buches fragte, ob ich bereit wäre, ein Vorwort zu den beiden Vorträgen zu schreiben, antwortete ich ganz spontan mit „Ja", ohne damals zu überblikken, wie schwer mir das fallen würde, gerade weil Wilhelm Schmundt bis heute mein wichtigster Lehrer war und ist und ich deshalb die höchsten Ansprüche an dieses Vorwort stelle. Schnell mußte ich jedoch einsehen, daß gerade sie mich von der Klarheit Schmundts entfernen, dem eben nicht das Wissen wichtig war – obwohl er dieses auch in einer übergroßen Vielfalt besaß –, sondern das Wesen, welches in sich anspruchslos ist. Im immer wieder neuen Durchdenken jedes Gedankens, ganz streng und diszipliniert bei der jeweiligen Sache bleibend und trotzdem das Ganze im Auge behaltend, lernte ich in ihm zum erstenmal in meinem Leben persönlich einen Gedankenkünstler kennen.

So zeigt er in beiden Vorträgen – für mich beispielhaft für sein ganzes Werk –, wie klar und methodisch eindeutig er seine Erkenntnislehre zur Dreigliederung des sozialen Organismus aus

dem mitteleuropäischen geistigen Erbe heraus entwickelt hat, wobei er immer wieder betonte, daß er die exakte naturwissenschaftliche Methode nicht als Endpunkt einer Entwicklung, sondern als Anfangs- und Befreiungspunkt zu einer neuen, weiterreichenden Geisteswissenschaft betrachtet hat. Und nur aus dieser, Wissenschaft, Kunst und Religion verbindenden, Arbeitsweise heraus bearbeitet er die „Aufgabe Mitteleuropas". Damit gibt er mir als seinem Schüler keine handlungsanweisenden Antworten auf die Frage „Was ist zu tun?", sondern er breitet vor mir eine Grundlagenforschung aus, die direkt an die Wurzel unserer heutigen sozialen und wirtschaftlichen Probleme heranreicht. So zwingt er mir in keinem Teil seiner Ausführungen dogmatisch etwas auf. Vielmehr setzt er stillschweigend meine Mitaktivität im unmittelbaren geistigen Nacharbeiten voraus. Seine Intuitionen kann ich nicht verstehen, sondern nur im Miterkennen nachvollziehen. Wenn ich bereit bin zunächst ganz auf der Erkenntnisebene zu bleiben, indem ich vorurteilsfrei und rein die Phänomene anschauend mitdenke, um dadurch „die Begriffe ins Rechte zu denken", kann ich ganz organisch aus dem Wesen der Sache heraus zum „ins Rechte handeln" auf der Handlungsebene kommen, eine Herangehensweise, die eine große Umstellung und Kreativität von mir verlangt, weil sich mit ihr mein gewohnter Praxisbegriff ins Gegenteil umkehrt.
Sein Urvertrauen in die alles begründende Wesensbeleuchtung des reinen Denkens setzte bei mir eine Kraft frei, die aus sich selbst heraus das Vertrauen erringt, in der Tat Unmögliches möglich machen zu können und die mich befreit von der Ohnmacht meiner Schuldmoral, welche mich in ihrem ideologischen Griff gefangen halten will. So brauche ich nicht zu sagen: Ich bin schuld und muß etwas tun, sondern ich kann sagen: Ich bin Kreditgeber und Schuldner in einer Person und komme dadurch zum Tun, welches in sich ruht ohne irgendeinen äußeren Zwang.

Damit verwandelt sich die Schuldmoral in die Impulsmoral, und woher dieser Impuls kommt, das weiß jedes Kind am besten. Auch wird mir dadurch deutlich, daß sich nur aus der Schlußfolgerung von ,,allein machen sie dich ein" zu ,,gemeinsam sind wir stark" keine Kräfte zu notwendigen Veränderungen entfalten können. Die Kraft, die eine notwendige Gemeinschaft bildet, kommt nicht aus dieser selbst; sie kann sich nur durch sie verstärken. Das eigentliche „Feuer" entzündet sich in jedem Menschen dieser Gemeinschaft selbst aus seinem Kreativpunkt heraus, indem er seine Liebe mit der Gestaltungskraft des Denkens verbindet, welches wiederum einen Übungs- bzw. Schulungsweg in Gang setzt, der das Gespräch als einen gemeinsamen Erkenntnisakt zur Urquelle der gesellschaftlichen Tat macht.
Wilhelm Schmundts Lebenswerk und -weg ist solch ein Schulungsweg, auf dem er durch das vielfach verzweigte und immer wieder zerstörte Wegenetz der mitteleuropäischen Dreigliederung – wurzelnd auf den Begriffen Freiheit, Gleichheit, Brüderlichkeit – hindurch zum Hauptarm fand und ihn freigelegt hat, damit andere ihn betreten können, um aus der eigenen Erkenntnis heraus seine Richtungsweisung zu überprüfen. Daß dies kein Spaziergang, sondern vielmehr ein Arbeitsgang ist, der aus dem tiefsten Wollen heraus angefeuert werden muß, das erfahre ich selbst immer existentieller, desto mehr ich mich öffne für ein wesensgemäßes Denken.
So aufrecht – eben nicht steif –, so streng und ernst, gepaart mit einer heiteren Gelassenheit, so verwurzelt in der Wirklichkeit der Idee, wie Wilhelm Schmundt diese Arbeit angegangen ist, wird er für mich immer der „große Lehrer" (Beuys) bleiben.

Albrecht Walter
Bremen, im Winter 1996/97

Wilhelm Schmundt

„Die Aufgabe Mitteleuropas"

Vortrag am 28.12.1981 im Humboldt–Haus des Internationalen Kulturzentrums Achberg

Ja, verehrte – wie soll ich sagen – Mitstrebende!
Wir haben uns heute das Thema vorgenommen: *„Die Aufgabe Mitteleuropas"*, die Wesenserkenntnis als Auftrag Mitteleuropas in der Gemeinschaft der Völker. Ich bitte Sie nun das, was ich darüber ausführen möchte, nicht aufzufassen als einen Vortrag, sondern als einen Gesprächsbeitrag. Das Gespräch heute morgen war ja so inhaltsreich – von allen die gesprochen haben – gegriffen, daß ich mich gerne in dieses Gespräch einschalten möchte, eben durch diese Beiträge heute abend und morgen vormittag.

Dieses Thema schließt ja eine Voraussetzung ein. Wenn man fragt: Was ist der Auftrag Mitteleuropas im Chor der Völker? so meint das doch – oder hat zur Voraussetzung, daß man meint –, es sei die Menschheit als Ganzes etwas Gegliedertes, in Völker Gegliedertes, wobei jedes Volk eine eigene Mission hat. Nun, das ist eine Voraussetzung, die ohne weiteres erfüllt ist, und man muß sie eigentlich begründen. Ich möchte das heute auch ein wenig tun. Aber nehmen Sie es zunächst einmal als eine Hypothese, die man nicht beweisen kann – oder sagen wir mal so –, die sich beweist durch die Phänomene, durch die Tatsachen, die man schildern kann, so daß man dann den Eindruck hat, wenn man die Phänomene genügend schildert, wie sie sich uns darstellen: Ja, das ist eine Wahrheit; diese Menschheit als Ganzes ist eine Gliederung, wobei jedes Volk seine Mission hat zu gewissen Zeiten. Also in dem Sinne nehmen Sie es als Hypothese, die sich durch ihre Fruchtbarkeit bewähren kann und wird. Dann sind wir also frei und brauchen nicht gleich hier schon einzuhaken.

Nun, diese Aufgabe Mitteleuropas: man wird sehen, vor Augen haben können, daß offenbar Mitteleuropa – sagen wir mal Deutschland – die Aufgabe, die es hat im Chor der Völker, bisher nicht erfüllt hat. Man kann ja doch die Ereignisse in diesem Jahrhundert mit den beiden Weltkriegen und alles, was heute so passiert, durchaus so anschauen, daß offenbar durch die Art, wie wir in Deutschland als Deutsche durchgehen mußten durch diese Unglücke, durch diese Katastrophen – die wir ja selbst verschuldet haben –, man kann darin ein Zeichen dafür sehen, daß wir diese Aufgabe, die wir haben, nicht erfüllt haben.

Ich meine ein Zeichen so, daß die anderen Völker, wenn man das so bildlich ausdrücken will, gleichsam zeigen oder sagen: „Ihr habt eure Aufgabe nicht erfüllt!" Und dann stand die ganze Welt gegen Deutschland, und wir haben diese Katastrophen erlebt. So kann man das ja sehen. Und ich glaube, diesen Gesichtspunkt kann ich gar nicht schwer genug nehmen, um die Fragestellung, die wir uns heute abend vorgenommen haben, unter dem richtigen Lichte zu betrachten.

Was ist denn die eigentliche Mission Deutschlands bzw. Mitteleuropas? Was ist die eigentliche Mission? Das soll mit einem großen Ernste doch in Angriff genommen werden.

Ja, offenbar ist es nicht die Mission, die Weltherrschaft zu gewinnen oder irgend etwas in dieser Richtung, wie wir das ja im Zweiten Weltkrieg vor allen Dingen versucht haben. Wenn man denkt, was unsere großen Geister darüber gedacht haben, etwa *Schiller*, der sagt:

„Das ist nicht des Deutschen Größe
Obzusiegen mit dem Schwert.
In das Geisterreich zu dringen
Vorurteile zu besiegen
Männlich mit dem Wahn zu ringen
Das ist seines Eifers wert."
(Friedrich Schiller: „Deutsche Größe")

Ich möchte auch gleich hier einmal einige Worte lesen, die *Rudolf Steiner* gesprochen hat in dieser Zeit des Ersten Weltkrieges, wo er das dann so ausführt: *„Der Deutsche Geist hat nicht vollendet, / was er im Weltenwerden schaffen soll."* / Es wird hier also gesprochen von einer „Aufgabe des deutschen Geistes". *„Er lebt in Zukunftsorgen"* dieser deutsche Geist, *„hoffnungsvoll, / Er hofft auf Zukunfttaten, lebensvoll; – In seines Wesens Tiefen fühlt er mächtig / Verborgnes, das noch reifend wirken muß.– / Wie darf in Feindesmacht verständnislos / der Wunsch nach seinem Ende sich beleben, / so lang das Leben sich ihm offenbart, / das ihn in Wesenswurzeln schaffend hält?"*
Das ist im Ersten Weltkrieg gesprochen, wo man ja äußerlich meinte, die Feinde würden die Absicht haben, Deutschland zu vernichten. Aber es kann doch dieses durchaus übertragen werden in weiterem Sinne. Die Feinde, die das Deutschtum nicht dazu kommen lassen, seine eigentliche Aufgabe zu erfüllen, sie sind vielleicht noch in ganz anderer Weise wirksam, eben auch in uns selbst, in dem deutschen Volke selbst. Sie sind so wirksam, daß diese Aufgabe nicht ergriffen wird – das kann man ja durchaus da mit einschließen. Aber hier wird auch davon gesprochen: Der deutsche Geist hat eine Aufgabe, und

die wollen wir eben heute anschauen, damit wir den Hintergrund haben für das, was wir dann morgen in Angriff nehmen wollen, eben die Frage: Wie muß über das soziale Ganze gedacht werden im Sinne dieser deutschen Aufgabe, der mitteleuropäischen Aufgabe?

Ja, nun darf ich vielleicht, um den Hintergrund dazu noch konkreter zu machen, eine kurze Skizze geben, um das, was die deutsche Aufgabe ist, im Rahmen der geschichtlichen Entwicklung zu sehen. Dann hat man es vielleicht etwas konkreter. Dazu muß man die Ergebnisse einer Menschheitsbetrachtung, einer geisteswissenschaftlichen Betrachtung hinzuziehen, die ja darauf aufmerksam macht, daß man an den Phänomenen ablesen kann, daß in den alten Zeiten, in den vorchristlichen Zeiten, die Menschen noch nicht ein solches Ichbewußtsein hatten, wie wir es haben. In unserem Kreis sind ja eine ganze Reihe von Persönlichkeiten, die sich nicht sehr befaßt haben mit der modernen Geisteswissenschaft, der Anthroposophie. Und daher möchte ich diese Dinge skizzieren, die den anderen, die sich mehr damit befaßt haben, geläufig sind.
In alten Zeiten bestand noch kein rechtes Ichbewußtsein, sondern ein Leben in den übersinnlichen Welten, ein Empfinden des instinktiven Geführtwerdens so, daß das, was sich im Innern regt an Gedanken, Gefühlen, Empfindungen, an Wollungen, nicht von einem selber kommt, sondern daß es kommt aus geistigen Zusammenhängen der höheren Wesenheiten. Das verblaßt immer mehr im Fortgang der geschichtlichen Entwicklung, und immer mehr kommt das Ichgefühl herauf. Man könnte geradezu sagen: Es ist sozusagen das Ziel der Weltenlenkung, Geschöpfe zu fabrizieren, zu schaffen, die *Ich-Wesen* sind, die ein Ich im Innern haben. Wenn das der Kernpunkt dieser ganzen Entwicklung ist, dieses riesenhaften Aufwandes, den die

Weltenschöpfung da getrieben hat, indem sie den ganzen Kosmos schuf, die Erde da hineinstellte mit den Naturreichen und dann dahinein eben den Menschen setzte, damit Wesen in Erscheinung treten, zum Dasein kommen, die wie Gott sind. Ja, so heißt es in der Paradiesesgeschichte: *„Die wissen das Gute, wissen das Bös'; einem Gotte ist er worden gleich, der Mensch."* So heißt es im Paradeisspiel. Also das als Aufgabe. Nun kommt das Ganze herauf. Aber damit ist offenbar auch dieses verbunden: ein Sich-Entfernen, ein Sich-Entfremden von den geistigen Welten, von den Welten der höheren Wesenheiten; ein Sich-Entfremden, ein Immer-einsamer-Werden in sich selbst, ein immer mehr Verlustig-Gehen der Ordnung, die sonst in einem dachte, in einem fühlte, in einem wollte, ein Auf-sich-selbst-zurückgestellt-Werden. Ohne Entfremdung von dem Wesenhaften kann kein „Ich" werden – vielleicht darf man das so aussprechen: Ohne Entfremden von dem Wesenhaften kann dem kein „Ich" entgegengestellt werden.

Und so geht das also hin – sagen wir – bis in die Griechenzeit. Ein letztes Abgeblaßtes ist noch bei *Plato* zu finden, indem er von der Ideenordnung sprach, also ein letztes Hereinscheinen geistiger Zusammenhänge, wobei sich eben diese alten Griechen nicht als Schöpfer der Ideen empfanden, sondern für sie war es die Gottheit, die in ihnen dachte. „Es denkt in mir" – diese Empfindung hatten sie. Auch *Aristoteles* hatte das ja durchaus. Bei *Aristoteles* bleibt dann überhaupt nichts mehr übrig als die ganz abstrakten Kategorien im Denken. Ein lebendiges Ideenwesen, wie *Platon* es noch ahnen konnte oder gar wie die älteren Völker es ohne ein Ich-Bewußtsein hatten, ist dann ganz dahin. Und das wird als eine ungeheure Tragik empfunden. Das ganze Griechentum durchlebt diese Tragik und hat die Empfindung: *„Lieber ein Bettler in der Oberwelt,* *als ein König im Reich der Schatten."* Es ist ein Bis-in-den-Tod-Hineingehen, ein Absterben, ein Absterben aus den Wesenszusammenhängen, ein Absterben aus den lebendigen Wesenszusammenhängen heraus.

Nehmen Sie das bitte auch als eine Hypothese, soweit Sie sich das nicht schon als Erkenntnisinhalt bereits erworben haben, als eine Hypothese, daß das so sei, die Entwicklung. Man kann es ja wirklich ablesen, auch an dem Absterben, dem Eingehen des alten Mysterienwesens, wo die letzten Ausläufer einer früheren Geisteshaltung, die gegenüber der Welt herrschte, absterben.

Es kommt ja dann in diese Zeit herein, die ich jetzt schilderte, das Ereignis zu Beginn der Zeitrechnung – eben das Erscheinen, Geborenwerden und Sterben der Christuswesenheit. Aber diese Strömung geht weiter und wirkt jetzt so, daß die Menschen – sagen wir mal – im Mittelalter überhaupt keine Möglichkeit mehr haben, im Denken etwas zu ergreifen. Auch das letzte, was *Aristoteles* noch hatte, verschwindet, und es bleibt dann den Menschen eben nur der Inhalt der Heiligen Schrift, des Neuen Testamentes, die sie mit dem Gemüt ergreifen. Das hält die Menschen als Menschen, dieses gemüthafte Ergreifen des Inhaltes der Heiligen Schrift, insbesondere des Neuen Testaments. Ich spreche hier von Europa.

Dann kommt am Ausgang des Mittelalters, im 14., 15. Jahrhundert – und darauf möchte ich jetzt besonders eingehen – in unseren deutschen Landen herein die Mystik. Und das ist eine ganz eigenartige Angelegenheit. Ich weiß nicht, wie das bei der heutigen Jugend ist. Als ich Student war, kamen wir am Ende des Ersten Weltkrieges als 21-jährige zusammen, als Studenten in Berlin und so. Und wenn wir uns zu Weihnachten etwas schenkten so in diesem Alter, dann schenkte man sich *Meister Eckehart* oder *Suso* oder *Tauler*. Deren Schriften schenkte man sich, weil man da empfand: Ja, da lebt etwas, da ist etwas drinnen, das einen erwärmt und erfüllen kann, wenn da gesprochen wird von dem „göttlichen Fünklein", das in dem menschlichen Innern da ist. Da wird also gesagt, gefunden – man muß das mal symptomatologisch sehen als einen Einschlag in die Menschheitsentwicklung von außerordentlicher Art –, gefunden wird von solchen Menschen, wie diesen Mystikern: Da ist jetzt im Innern etwas da, das vorher gar nicht da war, dieses Fünklein. Und man sah das an als eine Folge des Ereignisses in Palästina zu Beginn der Zeitrechnung. So sah man das also an als ein Regsamwerden eben dieser Wesenheit, dieser Christuswesenheit, die in der Erde, in der Menschheit wirksam zu werden beginnt.

Das außerordentlich Interessante ist nun, daß eine der allerersten Schriften, die *Rudolf Steiner* am Beginn des Jahrhunderts, 1902, schreibt, heißt: *„Die Mystik im Aufgang des neuzeitlichen Geisteslebens"* (GA 7). Wenn man da heute herankommt als moderner junger Mensch, dann schiebt man das zuerst einmal weg. Mystik ist ohnehin etwas, das nicht so besonders gut klingt. Nun macht *Steiner* darauf aufmerksam, wie die Mystiker, von denen ich jetzt sprach, etwas ergriffen haben mit dieser neuen Fähigkeit, diesem Fünklein des Ich, wie sie damit etwas ergriffen haben, was im Alten(?) liegt, nämlich wiederum diese Heiligen Schriften und alles, was damit zusammenhängt. Aber dann tritt im Rahmen der Mystik eben der Kardinal *Nilolaus von Kues* auf, der auch dazugehört, aber der jetzt nicht diese alte Überlieferung ergreift, sondern die Naturwissenschaft ergreift, jetzt Mathematik, Naturwissenschaft zuerst einmal die ergreifen – und zwar unter Beibehaltung dieses göttlichen Elementes oder wie man das so nennen will, was die Mystiker besonders charakterisiert. Und nun schildert *Rudolf Steiner* das so in diesem interessanten Buche *„Die*

Mystik im Aufgang des neuzeitlichen Geisteslebens"(GA 7) : Es kommt offenbar darauf an, daß man die mystische Stimmung und die mystische Haltung, die ich gekennzeichnet habe, beibehält und nun die Naturwissenschaft ergreift. Denn diese Haltung wurde nicht beibehalten, sondern es kam ja dann dieser starke Einzug des Materialismus herein, in die Natur erkennend einzudringen, aber in einer Weise – sagen wir mal –, wie zuerst *Nikolaus Kopernikus* die Erde aus dem Mittelpunkt heraussetzt und die Sonne in den Mittelpunkt dieses Planetenkosmos hineinstellt, wogegen ja dann solche Leute wie *Tycho de Brahe*, diese große Persönlichkeit sagte: „Das kann nicht stimmen". Das war so ganz entgegen seinem innersten Wesen, daß er sagte: *„Die Erde, wo das Ereignis von Palästina stattgefunden hat, steht im Mittelpunkt der Welt. Sie steht im Mittelpunkt der Welt!"* Und da hat er, obwohl er *Kopernikus* und dessen Lehre kannte, die Erde im Mittelpunkt der Welt gelassen, und die Sonne hat er kreisen lassen um die Erde und die Planeten um die Sonne. Das ist ein ungeheuer interessantes System, das dann niemand mehr fortgesetzt hat. Aber eben *Tycho de Brahe*, dieser bedeutende Astronom am Hofe *Rudolfs* in Prag – er war ja ein Däne, die bedeutendste Persönlichkeit der Zeit damals –, hat also gesagt: „Die Erde bleibt im Mittelpunkt. Denn da bildet sich das aus, worauf der ganze Kosmos angelegt ist: die Menschheit." Und zu dem Menschheitsgeschehen, dieser Ich-Werdung der Menschen, dazu gehört das, was in Palästina geschehen ist zu Beginn der Zeitrechnung.

Oder *Kepler*, der dann auch versucht: Wie kann man das retten, wie kann man die Erde davor retten, daß sie ein Staubkorn im All wird? Wie kann man retten, daß sie eine Sonderstellung hat? Er schreibt also die *„Harmonia mundi"*, ein dikkes Buch mit vielen, vielen Seiten. Das ist das Kuriose: die drei

Keplerschen Gesetze, die man heute kennt und die jeder im Physikunterricht in der Schule lernt, die bilden nur ganz wenige Seiten. Aber das ganze Buch ist voll von musikalischen Noten, lauter Notenschriften und allem möglichen, wo er also nachweist: Wenn man die Umschwünge der Planetenzeiten in Beziehung zueinander setzt, die Zeiten in Beziehung setzt, dann bekommt man Harmonien heraus, bestimmte Harmonien, die man also in Tönen darstellen kann. Und die Harmonien, die die Erde mit den anderen Planeten macht, sind die allerschönsten. Ich kann das jetzt nicht vorführen; dazu habe ich nicht genügend studiert. Aber das bringt er in diesen Notenbeispielen: Die Harmonien, die die Erde macht, mit allen anderen Planeten, sind die allerschönsten. Natürlich sagen dann die modernen Wissenschaftler: „Ja, der *Kepler*, der hat da so ein bißchen gesponnen." Das Entscheidende seien seine Gesetze, die er gefunden hat. Dabei hat er sie selbst gar nicht als das Wichtige angesehen. (...) *Kepler* ringt also darum: Wie kann man die Erde retten vor dem Fall in den Materialismus, wo sie droht, nebensächlich zu werden, obwohl sie doch das Wichtigste ist im ganzen Kosmos. Ich schildere es einmal so, um zu charakterisieren, was da vorliegt.

Ja, und wenn man diesen Weg jetzt weiterverfolgt, den die Mystik eigentlich gehen sollte, so ist es der, daß – wie *Rudolf Steiner* es auspricht – man mit der mystischen Stimmung jetzt die Naturwissenschaft ergreift. „Mystische Stimmung" meint hier was die Mystiker im Innersten als das Wesentliche ansehen, dieses Ich-Fünklein, das bisher noch nie da war in der Weltgeschichte, in der Menschheitsgeschichte, das jetzt zum ersten Mal auftaucht und dessen Zusammenhang man empfindet oder weiß mit den Ereignissen, die wir jetzt hier in der Weihnachtszeit gerade feiern. Stattdessen geht danach der Gang in den Materialismus hinein, der sich ja bis heute in intensivster Weise noch verstärkt hat. Und da stößt man auf eine solche Gestalt wie *Goethe*. Bei ihm findet man genau das durchgeführt oder im Beginn durchgeführt, was da gefordert wird und was ich eben schilderte. Also etwa seine Lichtlehre, seine Farbenlehre, die beginnt er folgendermaßen – ich möchte jetzt etwas konkreter eingehen auf die Bedeutung der Sache –, er sagt: Wenn man von Farben spricht, dann müßte man eigentlich vom Licht sprechen, und er sagt, das werde er nicht tun in seiner Farbenlehre. *„Denn eigentlich unternehmen wir umsonst, das Wesen eines Dinges auszudrücken. Wirkungen werden wir gewahr, und eine vollständige Geschichte dieser Wirkungen umfaßte wohl allenfalls das Wesen jenes Dinges."* (GA 1a-e) Sind Sie gefolgt? Er sagt, man sollte eigentlich vom Licht sprechen. Er meint Licht sei Wesen, Farben seien Erscheinungen, Wirkungen. Und von dem Wesen zu sprechen, das kann man nicht recht – aber von den Wirkungen sprechen, das kann man! Und eine vollständige Geschichte der Wirkungen umfaßt wohl allenfalls das Wesen. Das ist seine Erkenntnistheorie. Er fährt so fort, daß er sagt: *„Vergeblich bemühen wir uns, das Wesen eines Menschen zu schildern."* – Der Dichter *Goethe* kann ja Menschen schildern – *„Man stelle dagegen seine Handlungen, seine Taten zusammen, und ein Bild seines Charakters wird uns entgegentreten."* Und dann zieht er die Konsequenz: *„Farben sind Taten des Lichtes, in diesem Sinne können wir von denselben Aufschlüsse über das Licht erwarten."* Ich war ja Lehrer an der Waldorfschule in Hannover und habe da Physik unterrichtet. Und da haben wir diese Worte *Goethe*s immer eine ganze Woche lang gesprochen zu Beginn des Unterrichts; von daher kann ich sie auswendig. (Lachen) Also in diesem Sinne: man muß die Wirkungen betrachten, die Phänomene. „Phänomen" heißt ja „Erscheinung". Das Wort „Erscheinung" hat ja nur einen Sinn, wenn man ein Erscheinendes voraussetzt: Erscheinungen von Erscheinendem, Erscheinungen von Wesen, Wirkungen werden wir gewahr, und eine vollständige Beschreibung von Wirkungen kann allenfalls zum Erfahren des Wesens des Wirkenden führen. Damit haben wir mit ganz wenigen Worten eine Erkenntnisweise dargestellt, wie man auf diese Weise etwas finden kann, nämlich die Ideen! Also die Idee des Lichtes kann man im denkenden Anschauen der Phänomene auf diese Weise finden.

Goethe hat dort mit seiner großen Natur das Wesentliche gegriffen, was wir brauchen, wenn wir von der „Aufgabe Mitteleuropas" sprechen. Da ich selbst Physiker bin, erlauben Sie mir vielleicht doch ein paar konkrete Beispiele, was das für Konsequenzen hat, also heute, in unseren Zusammenhängen, auch in der anthroposophischen Bewegung, die sich ja sehr auf *Goethe* stützt. *Rudolf Steiner* – das wissen ja viele von ihnen – hat ja selbst intensiv das *Goethe*studium betrieben. Er hat in Weimar *Goethe*s naturwissenschaftliche Schriften herausgegeben mit einem außerordentlich umfangreichen und intensiven Kommentar. Nun also: *Goethe* steht ganz groß da. Wenn man aber in die Naturwissenschaft hineingeht, dann findet man, wie wenig diese Methode, die *Goethe* so eindeutig beschreibt, angewendet wird. Auch im Kreise meiner früheren Kollegen in der Waldorfschule, da wird Lichtlehre und Farbenlehre sehr gründlich behandelt, aber die übrigen Gebiete der Physik, der Mechanik, der Elektrizitätslehre haben von *Goethe* nicht viel, außer dem Einen: Man sagt dann: Ja, man muß bei den Phänomenen bleiben. Das, was man mit den Augen sieht, das muß man möglichst sorgsam beschreiben und erleben. Das ist ja auch ganz wunderschön, ein kräftiges Erleben der Sinnesphänomene – das meint man, das sei *Goethe*. Das stimmt ja, *Goethe* hat das ja auch getan. Aber *Goethe* meint noch etwas anderes. Er meint doch die Phänomene eines Bereiches zu betrachten, um jetzt, wenn man sie zusammenschaut, zum Wesen der Sache aufzusteigen. Das Wesen als Idee zu erfahren – das ist *Goethe*. Und das geschieht außerordentlich wenig, oder? (Lachen) Ja doch, das geschieht außerordentlich wenig, kann man doch sagen. Ich werde ihnen ein Beispiel geben, damit Sie die Konsequenzen sehen.

Wenn man mit der Mechanik in der Schule in der 10. Klasse anfängt, dann kann man mit einem ersten Experiment beginnen: Ich nehme also ein Glas Wasser, binde es an einen Faden an und schaukele das herum. Sie könne sich das lebhaft vorstellen, wie also das Glas oben ist und das Wasser nicht herausfließt. Man sagt dann, das ist die Fliehkraft und die Fliehkraft hält das da unten fest. Oder man sagt – in den Büchern findet man noch andere Sachen –, das sei ein Beharrungsvermögen: Wenn das so beschleunigt wird, dann will es in der alten Richtung beibehalten werden. Man ist nun in der Physik der Ansicht, das Wirkende im Reich der Mechanik, das kann doch nur die Materie sein. *Newton*, der große *Newton! Goethe* nennt ihn den *„bedeutenden, guten Newton"* – und hat ihn furchtbar beschimpft. Also *Newton* sagt das so für die Schwerkraft: Wenn man zwei Materiestücke hat, dann zieht die eine Materie die andere an: Wechselwirkungskräfte. Die Schwerkraft ist eine Wechselwirkungskraft, eine echte Kraft.

Nun ist also die Schwerkraft klar; das ist eine Wechselwirkungskraft. So sagt die Physik das heute, und darum ist es eine richtige Kraft. Zur Trägheitskraft aber, die immer auftritt, wenn etwas beschleunigt wird, sagt man: Man sieht ja gar nicht, daß da etwas wirkt! Eine Steinschleuder, die wird nach außen gezogen. Aber hier ist keine Materie, die das zieht. Und darum nennt man es eine Scheinkraft. Das ist keine wirkliche Kraft. Am besten spricht man vom „Beharrungsvermögen der Materie".

Sehen Sie, wenn man das jetzt mit der *Goethe*schen Methode anschaut, dann macht man das so, sagen wir einmal etwa für die Trägheitskraft. Man sucht alle Phänomene, die man bekommt und schildert die. Also man charakterisiert alles, wo Trägheitskraft wirkt: jede Bewegung eines Tieres, wenn ein Reh springt, wenn sich die Planeten um die Sonne bewegen. Überall und mit den gleichen Gesetzen, die man beschreiben kann, überall ist diese Trägheitskraft zu sehen, also eine kosmische Kraft oder ein kosmisches Wirken außerordentlichen Umfangs. Das kann man ja wunderbar beschreiben, auch daß ein Körper am Äquator leichter ist, weniger wiegt als am Pol, wobei eben die Erde sich dreht, und diese Fliehkraft da auftritt, die die Körper ein wenig herauszieht.

So kann man also all die Phänomene schildern, diese vielen, vielen Phänomene, um solch eine kosmische Weltenwirksamkeit wie die Trägheitskraft zu charakterisieren. Aber dann wird man das Gesetz ganz einfach aussprechen als ein Urphänomen; denn *Goethe* drang immerhin auf das Grundphänomen, das in allen Phänomenen drinnen ist. In den vielen Phänomenen ist das eine Phänomen darinnen. Das kann man dann so aussprechen: „*Wenn eine Materie ihre Geschwindigkeit gegenüber dem Fixsternraum ändert, greift die Trägheitskraft in ihre Materie ein und sucht den alten Geschwindigkeitszustand aufrechtzuerhalten.*" Ich will es noch einmal sagen, damit Sie das sehen: „*Wenn ein materieller Körper seine Geschwindigkeit gegenüber der Erde*" – aber im großen gegenüber dem Fixsternraum – „*ändert, greift ein Wesenhaftes, das wir 'Trägheitskraft' nennen, ein und sucht den alten Geschwindigkeitszustand aufrechtzuerhalten.*" Wenn man das so ausdrückt, dann klingt das also ganz simpel und einfach. Man kann das ins Epochenheft schreiben, es tritt die Sache und ich bin nicht in der schrecklichen Situation, daß ich sagen muß, das ist eine Scheinkraft, ein Beharrungsvermögen. Ich spreche von einem Wirkenden, nämlich der Trägheitskraft, dem man den Namen „Trägheitskraft" gibt; ich spreche von einem Wirkenden, das aber doch in einer Weise wirkt, die man nicht vorstellen kann, die man im Grunde jetzt nur erfassen kann auf dem Wege, den *Goethe* zeigt: Ich muß alle Wirkungen, alle Phänomene der Trägheitskraft zusammennehmen, sie anschauen und dadurch auf ihr *Wesen* kommen! Ich muß auf das Wesen dieser Kraft kommen. Ich kann sagen: Sie greift ein, sie wirkt. Aber ihr *Wesen* kann ich nur erkennen, wenn ich alle Phänomene zusammennehme – *Goethe*sche Methode. Das brauche ich im Schulunterricht nicht zu machen. Aber ich muß die Dinge so aussprechen, daß sie einem solchen *Goethe*schen Verfahren nicht entgegenstehen. Denn habe ich jetzt den Begriff „Scheinkraft", oder habe ich den Begriff „ein Körper zieht den anderen an" gegenüber der Schwerkraft, „eine Materie wirkt auf die andere", dann ist mir die Möglichkeit, zur Idee der Sache zu kommen, zum Wesen der Sache zu kommen, einfach abgeschnitten; ich kann das nicht mehr. Ich bin dann dem Materialismus verfallen. Ich habe nicht die Möglichkeit, ein Wesenhaftes in das Denken hereinzubekommen.

Ich weiß nicht, ob Sie die Bedeutung der Sache empfinden können. Diesen ungeheuren Schritt, den *Goethe* tat und die Tragik, die darin liegt, daß diese *Goethe*sche Methode überhaupt keinen Eingang gefunden hat in unsere mitteleuropäischen Gebiete; in die andere Welt darum schon überhaupt nicht. Jetzt leuchtet ja „die mitteleuropäische Aufgabe" da ein wenig auf. Das ist also eine ganz schwierige Situation, in die wir da hineingekommen sind.
Wenn man das bei der Schwerkraft macht, dann drückt man

das auch genau so aus, ganz einfach nur. Statt daß man sagt: „Ein Körper zieht den anderen an", sagt man „Wechselwirkung". Die Materie selbst ist Wirkung! Man kann sogar die Kräfte nennen, die sie wirken. Das sind die elektrischen Kräfte, die magnetischen Kräfte, die Kernkräfte; die wirken die Materie[1]. Materie selbst aber ist Wirkung und nicht Wirkendes! Man muß also das Schwerkraftgesetz ganz anders aussprechen, auch wieder so, daß man es gar nicht merkt, daß es anders ausgesprochen ist. Man muß es so sagen: *„Wenn zwei materielle Körper einander gegenüberstehen, greift die Schwerkraft in ihre Materien ein und sucht sie zusammenzuführen."* Haben Sie das verstanden? „Wenn zwei materielle Körper einander gegenüberstehen", also *immer* wenn zwei Körper zusammenstehen – es ist eine Weltkraft außerordentlichen Formates, die den ganzen Kosmos beherrscht – „dann greift die Schwerkraft, diese Wesenskraft ein, und sucht sie zusammenzuführen." Wieder spreche ich von einem Nicht-Wahrnehmbaren, von einem Wirkenden, das wirkt und dessen Wirkungen ich beobachte. Wenn ich zu dem Wirkenden kommen will, dann muß ich mir alle Phänomene dieses Kräftebereiches vor Augen führen; dann kann ich allenfalls zum Wesen kommen. In der Schule merkt das natürlich keiner. Hernach kommt dann der Oberstudienrat, macht Abiturabnahme und man spricht die Dinge so aus. Der merkt das gar nicht. Wieso auch, ist ja ganz in Ordnung. Natürlich ist für den jungen Menschen vor dem 18.,19., 20., 21. Lebensjahr der Begriff eines geistig Wirkenden nicht zu fassen. Aber wenn man es so ausspricht, dann läßt man die Dinge offen, dann bleibt es offen. Später, wenn man dann selbst denkt, hat man den Blick frei und kann eine Methode anwenden, die zum Wesenhaften aufsteigen kann.

Ich habe noch etwas Zeit und möchte das noch ein wenig vertiefen und konkretisieren. Ich möchte einige Sätze vorlesen aus den Einleitungen zu *„Goethes naturwissenschaftlichen Schriften"*(GA 1), von *Rudolf Steiner*. Es ist das eine Fundgrube. Jeder, der ein wenig sich befassen will mit Erkenntnisproblemen, wird da die kostbarsten Dinge finden. Diese Klarheit der Sprache und die Sicherheit des Griffes, die da zu finden ist!

Da gibt es ein Kapitel *„Dogmatische und immanente Methode"*, ein Kapitel, das uns ja in der Sozialwissenschaft außerordentlich bewegt, wo also der eine behauptet, er habe eine dogmatische Methode und der andere behauptet, er habe eine immanente Methode. Das Kapitel ist so überschrieben, und da wird folgendes gesagt: *„Wenn wir bis zu dem Punkt vordringen, wo uns die Wesenheit einer Sache als Idee aufgeht, so erblicken wir in der letzteren etwas völlig in sich Abgeschlossenes, etwas sich selbst Stützendes und Tragendes, das gar keine Erklärung von außen mehr fordert, so daß wir dabei stehenbleiben können."* Also: wenn man zur Idee vorgedrungen ist, dann hat man ein in sich selbst Gegründetes, das keiner weiteren Erklärung mehr bedarf. *„Wir sehen an der Idee – wenn wir nur die Fähigkeit dazu haben –, daß sie alles, was sie konstituiert, in sich selber hat, daß wir mit ihr alles haben, wonach gefragt werden kann. Der gesamte Seinsgrund ist in der Idee aufgegangen, hat sich in sie ergossen, rückhaltlos, so daß wir nirgends als in ihr zu suchen haben. In der Idee haben wir nicht ein Bild von dem, was wir zu den Dingen suchen; wir haben dieses Gesuchte selbst."* (S. 164) [2] Eine ungeheure Sache, die er da ausspricht in wenigen Worten! Das ist also geschrieben in den 80er Jahren des vorigen Jahrhunderts. Da ist die Erkenntnisweise *Goethe*s philosophisch durchdrungen worden in einer umfassenden Weise durch den damals jungen

Rudolf Steiner. Denn er war Ende seiner 20er, Anfang seiner 30er Jahre, als er das geschrieben hat.
Ich möchte noch einige Worte daraus vorlesen. *„Die Welt durch ein Reales, das nicht Idee ist, erklären zu wollen, ist ein solcher Widerspruch, daß man gar nicht begreift, wie es überhaupt möglich ist, daß er Anhänger gewinnen konnte."*(S.165) Haben Sie gehört, das Ungeheuerliche, das hier gesagt wird? Da wird also gesagt: Die Welt durch ein Reales, das nicht Idee ist, erklären zu wollen, ist ein solcher Widerspruch, daß man gar nicht begreift, wie es überhaupt möglich ist, daß er Anhänger gewinnen konnte. Das ist also ein Satz, der ist mit Eisen gehämmert. *„Es geht nicht an, höhere Daseinsformen anzunehmen, als die, welche der Ideenwelt zukommen. Nur weil der Mensch oft nicht imstande ist, zu begreifen, daß das Sein der Idee ein weit höheres, volleres ist als das der wahrgenommenen Wirklichkeit, sucht er noch eine weitere Realität. (...) Wir müssen aber an die Bildung die Anforderung stellen, daß sie sich hinaufarbeite bis zu jenem höheren Standpunkt, wo auch ein Sein, das nicht mit Augen gesehen, nicht mit Händen gegriffen, sondern mit der Vernunft erfaßt werden muß, als Reales angesehen wird. Wir haben also eigentlich einen Idealismus begründet, der Realismus zugleich ist."* (S. 167)
Es ist das Einzigartige dieser Zeit – das Ende des vorigen Jahrhunderts eigentlich bis heute –, das hier philosophisch ausgesprochen wird: *„Die Realisten begreifen nicht, daß das Objektive Idee ist, die Idealisten nicht, daß die Idee objektiv ist."*(S. 168) Ja, und dann kommt dieser Schritt nun, den ich im Bereich der Mechanik schon etwas angedeutet habe. Da heißt es dann so: *„Wille ist also die Idee selbst als Kraft aufgefaßt."* Die Idee selbst als Kraft aufgefaßt, das haben wir jetzt gemacht, als ich von der Schwerkraft und von der Trägheitskraft sprach. Da war die Kraft zu suchen als Idee im selben Sinne: Aus den

Phänomenen heraus zum Wesen aufsteigen, zur Idee kommen. Und die Idee ist hier in diesem Reiche der mechanischen Kräfte selbst wie ein Wollen, wie ein willenhaftes Wesen, und es greift als äußere Kraft ein in die Materie. Also hier wird auch das, was wir als Willen haben, so geschildert, daß es der Ausdruck ist des Willens eines Wesenhaften, das man als Idee greifen kann.

Ja, damit habe ich nun – verehrte Mitstrebende – ein Bild gegeben, einen Hintergrund gegeben, vor dem wir stehen, wenn wir nach der *„mitteleuropäischen Aufgabe"* fragen. Denn es ist ja ganz deutlich – wenn Sie mir gefolgt sind und auch nur hypothetisch annehmen, es sei so – , dann wird natürlich überhaupt kein Heil irgendwelcher Zusammenhänge zu finden sein, wenn man nicht zum Wesen der Sache aufsteigt. Wir haben es ja heute im Gespräch auch betont: Was heißt denn ein freies Menschentum, freies Walten, freies Handeln? Wenn man aus dem Wesen der Sache heraus handelt! Aber das setzt ja voraus, daß man das Wesen erfaßt hat. Und so zielt also das, was wir als Aufgabe haben in Mitteleuropa nicht so sehr darauf ab, zu tun! Dazu haben wir überhaupt... Ja, stellen wir uns einmal den Großen, Amerika und Rußland, gegenüber, nicht wahr, das sind die Handelnden, die bestimmen das Geschehen. Wir meinen, wir müßten das auch machen. Wir haben in den beiden Weltkriegen, vor allen Dingen im Zweiten Weltkrieg gemeint, wir müßten das auch machen! Die eigentliche Aufgabe ist, nämlich was bei *Goethe* begonnen hat, keimhaft, oder gar schon beim *Kardinal Nikolaus von Kues* begonnen hat, bei den Mystikern, von *Goethe* weitergeführt, bei den deutschen Idealisten *Hegel, Schelling*, die sich ja auch irgendwie damit verbunden haben, und was dann eben jetzt durch eine moderne Geisteswissenschaft aufgegriffen worden ist... – diese Methode anzuwenden auf die Naturerkenntnis und auf die Erkenntnis der wesenhaften Zusammenhänge auch des Menschentums: wesenhafte Menschenerkenntnis auszubilden und zu pflegen. „Anthroposophie" meint ja die wesenhafte Menschenerkenntnis und damit auch das Wesen des sozialen Organismus zu erfassen, was gar nicht anders gegriffen werden kann, denn als Idee in dem Sinne, wie ich das jetzt dargestellt habe: d.h., durch ein Zusammenschauen der Phänomene im Denken, ein Ergreifen einer Ganzheit, die dann allenfalls als Idee aufleuchten kann. Ohne das ist gar kein Heil überhaupt nur zu erwarten! Es mögen heute viele Dinge pragmatisch notwendig sein im äußeren Tun, selbstverständlich! wie das ja auch unsere Freunde, *Die Grünen*[3)] machen, um einzugreifen in die heutigen Dinge. Aber das können immer nur Hilfen sein an den Symptomen, an den Krankheiten, die da hervortreten. An die Wurzel heranzukommen, geht auf gar keinem anderen Weg: Diesen Weg zu beschreiten, überall zum Wesen vorzustoßen, damit man dann aus dem Wesen heraus handeln kann, in Freiheit handeln kann, das ist im Grunde die deutsche, die mitteleuropäische Aufgabe, die – das werden Sie zugeben – noch kaum gesehen wird. Ich weiß also kaum, daß im öffentlichen Leben diese Aufgabe gesehen würde, außer in den Zusammenhängen, in denen wir hier stehen...

Ich möchte das jetzt aber noch ein wenig vertiefen dürfen, gerade diese Notwendigkeit einer Hinwendung zu solchen Erkenntnisbemühungen. Denn das muß ja geübt sein. Bei *Novalis* spricht einer der Gelehrten (der Denker), die in Sais zusammenkommen, aus – ich habe es nicht ganz genau im Sinne – : *Es wäre auch möglich oder denkbar, daß wir uns manchmalig im Denken müssen geübt haben, eh wir uns mit unserem Verstande heranbegeben können an das Verständnis der Dinge.*

Also das Üben des Denkens. Es ist heute so, daß moderne Menschen – und dazu rechne ich alle modernen Menschen, vor allem, wenn Sie sich hier versammeln, selbstverständlich gehören Sie zu den modernen Menschen – diese Fähigkeit, dieses Ideenvermögens durchaus besitzen. Die meisten Menschen heute, die irgendwie kulturtragend sind, die meisten Menschen, die wach im Heute stehen, haben dieses Vermögen. Sie wissen bloß nicht, was sie haben. Da kommt der weise *Mephisto* und spricht dieses Weisheitswort am Schluß: *„Wenn sie"* (die Menschen) *„den Stein der Weisen hätten, der Weise mangelte dem Stein."*[4] Und das ist genau das, das auch *Goethe* meint in diesem Sinne. Es geht aus dem ganzen Drama – vor allem aus dem zweiten Akt – auch hervor, was er meint mit dem *„Stein der Weisen"* in dem Zusammenhange: eben dieses lebendige Denken, das zur Idee vorstößt. Diese Fähigkeit besitzen die Menschen heute. Aber sie wissen nicht, was sie daran haben, und darum wird diese Aufgabe so wenig aufgegriffen und es wird auch nicht genügend geübt! Also all solche Zusammenhänge, wo man auch sei, ob man das in der Naturwissenschaft oder in der Geschichtswissenschaft macht, oder wo es sei: die Phänomene, die Symptome anschauen und aus den Symptomen heraus zum Wesen der Sache kommen. Aus den Symptomen heraus die Ganzheit der Menschheit herauszufinden und die Aufgabe, die Mission der einzelnen Völker, das alles erfordert diese gleiche Art des Denkens, das zur Idee aufsteigt. Dazu bedarf es einfachster Übungen, eben solcher, wie sie *Goethe* bei der Lichtlehre angewendet hat.

Um das noch zu vertiefen, wenn Sie mir das erlauben: *Rudolf Steiner* hat ja in der großartigsten Weise diese Methode geschildert, zum ersten Mal in der Einleitung zu *„Goethes naturwissenschaftlichen Schriften"* (GA 1) oder sogar zuallererst als 25jähriger in den *„Grundlinien einer Erkenntnistheorie der*

Goetheschen Weltanschauung" (GA 2). Da steht das auch schon alles drinnen. Dises Büchlein hat er dann 40 Jahre später am Ende seines Lebens, 1923, noch einmal herausgegeben. Da schreibt er dann im Vorwort: *„Nach 40 Jahren sehe ich keinen Grund etwas zu ändern; es ist zwar aus dem Jugendlichen heraus geschildert, aber inhaltlich ist es heute noch genauso aktuell wie damals"*, und man kann sagen: Heute ist es noch so aktuell wie damals. Ja und dann, wie schon erwähnt, die Einleitung zu *„Goethes naturwissenschaftlichen Schriften"*, die eine Fundgrube ist für ein sachgemäßes Denken. Und dann, ab und zu, findet man solche Übungen in ganz einfachster Weise geschildert.

Ich möchte ihnen eine erzählen und zum Teil vorlesen aus dem kleinen Büchlein *„Die Schwelle der geistigen Welt"* (GA 17), 1913 geschrieben und Inhalt einer Reihe von solchen Betrachtungen, wo man Phänomene anschaut und zum Wesen der Sache aufzusteigen vermag. Die erste dieser Betrachtung heißt: *„Von dem Vertrauen, das man zum Denken haben kann"*. Er nennt das „Meditationen", aber jede Meditation beginnt mit diesem: Phänomene anschauen und zur Idee vordringen; jede Meditation beginnt so. Würde sie nicht so beginnen, dann mag sie alles mögliche andere sein, aber nicht eine Meditation im Sinne des Europäischen, des Mitteleuropäischen und der heutigen Zeit. Ich will jetzt nicht eingehen auf andere Meditationsmethoden. Sie werden aber immer finden, daß keine der anderen diesen Weg geht, der aus dem deutschen innersten Kulturwesen herauskommt in der *Goethe*zeit bis zu seiner Fortsetzung, der Anthroposophie. Und da wird eine solche Meditation geschildert. Die ist so einfach, daß man zuerst gar nichts Besonderes darin sehen kann. Er sagt da etwa so: *„Das menschliche Denken ist für das wache Tagesbewußtsein wie eine Insel inmitten der Fluten des in Eindrücken, Empfindungen, Gefüh-*

len usw. verlaufenden Seelenlebens.“ Also er betrachtet jetzt als Phänomen das Seelenleben und schildert da einige Beobachtungen. *„Man ist bis zu einem gewissen Grade mit einem Eindruck, mit einer Empfindung fertig geworden, wenn man sie begriffen, d.h., wenn man einen Gedanken gefaßt hat, der den Eindruck, die Empfindung beleuchtet. Selbst im Sturme der Leidenschaften und Affekte kann eine gewisse Ruhe eintreten, wenn sich das Seelenschiff bis zur Insel des Denkens hingearbeitet hat.“* Er schildert also Beobachtungen, die man bei dem Denken haben kann: Das Seelische kommt zu einer gewissen Ruhe, selbst im Sturm der Leidenschaften, wenn es sich zur Insel des Denkens hingearbeitet hat. *„Die Seele hat ein natürliches Vertrauen zu dem Denken. Sie fühlt, daß sie alle Sicherheit im Leben verlieren müßte, wenn sie dieses Vertrauen nicht haben könnte. Das gesunde Seelenleben hört auf, wenn der Zweifel an dem Denken beginnt. Kann man über irgend etwas im Denken nicht ins klare kommen, so muß man den Trost haben können, daß die Klarheit sich ergeben würde, wenn man sich nur zur genügenden Kraft und Schärfe des Denkens aufraffen könnte. Über das eigene Unvermögen, etwas durch Denken zur Klarheit zu bringen, kann man sich beruhigen; nicht aber kann man den Gedanken ertragen, daß das Denken selbst nicht Befriedigung bringen könnte, wenn man in sein Gebiet so eindringen würde, wie es für eine bestimmte Lebenslage zur Erlangung des vollen Lichtes notwendig ist.“* Das sind also solche Schilderungen. Und dann fügt er noch an: Ja selbst diejenigen, die Zweifel an dem Denken haben, also die zweifeln, daß das Denken diese Bedeutung hat, die er jetzt geschildert hat, beweisen gerade dadurch, daß sie diesen Zweifel haben, daß sie ihrem Denken vertrauen; sonst würden sie nicht daran zweifeln. Sie vermögen ja nur aus ihrem Denken heraus, dem scharfen Denken, diesen Zweifel

aufzustellen. Wer das hier angekündete Gefühl in Bezug auf das Denken in sich entwickelt, der empfindet in diesem nicht allein etwas, das er in sich als Kraft der menschlichen Seele ausbildet, sondern auch etwas, das ganz unabhängig von ihm und seiner Seele eine Weltwesenheit in sich trägt.
Das ist also nur eine Beobachtung, wenn man das Denken so anwendet – in dieser *Goethe*schen Methode – und zum Wesen der Sache, zur Idee hinaufdringt, dann hat man in der Idee etwas, bei dem man empfinden kann: Das ist nicht nur gültig für mich, für mein Denken, sondern es ist in sich gültig. Und dieses In-sich-gültig-Sein ist ein sicheres Zeichen für den Realitätswert einer solchen Idee. Das wird dort geschildert. *„Eine Welt-Wesenheit,"* mag man da empfinden, *„zu welcher er sich hindurcharbeiten muß, wenn er in etwas leben will, das zugleich ihm und der von ihm unabhängigen Welt angehört."* Das ist dieser Gedanke: Mit dem Begreifen der Idee – die gehört nicht nur mir, sondern gehört auch der Welt an und damit, so drückt er es dann weiter aus, ist ein gewisser Trost verbunden: *„So angesehen, bietet das Denken der Seele den Trost, den sie braucht gegenüber dem Gefühl des Velassenseins von der Welt."* Man könnte doch meinen – so schildert er weiter – : Was geht die Welt mich an? Sie ist ein Zufallsprodukt – oder so etwas ähnliches – und nimmt ja keine Rücksicht auf mich. Was soll mich die Welt angehen? Ich hab ja gar keine Verbindung mit ihr. Ich bin ja da ganz ausgeschlossen, in mich selbst hineingeworfen, in diese Entfremdung hineingeworfen ... Und da wird hier also gesagt: Aber mit dieser Möglichkeit des Denkens, nämlich in etwas Objektives hineinzukommen, das in sich selbst gültig ist, hat man die Verbindung mit der Welt wieder; und das nennt er einen „Trost". Also es ist gleichsam ein Tröster, mit dem man es da zu tun hat.
Man kann ja diesen Gedanken durchaus da hineinbringen, wie-

derum eine Wirkung, die ausgeht von den Ereignissen, deren wir zu Weihnachten und zu Epiphanias gedenken: Den Tröster sende ich euch, eben den Trost, daß man in dem Wesenhaften, das das Denken ergreift, in etwas Objektivem darinnensteht. So kann man das charakterisieren. Und dann wird darüber weitererzählt: Man kann also, wenn man diese Methode anwendet auf das Denken selber in der Weise, wie ich das jetzt schilderte, bis zu solch einem Gedanken kommen, wie diesem, daß man empfindet: *„Ich empfinde mich denkend eins mit dem Strom des Weltgeschehens."* Das würde also eine Zusammenfassung dessen sein, was man auf diesem Wege, der das Denken mit einer solchen wesensgemäßen Methode ergreift, haben kann: *„Ich empfinde mich denkend eins mit dem Strom des Weltgeschehens."* Und nun meint er weiter, das könne vom philosophischen Anschauungen abgelehnt werden. Es könne bewiesen werden, daß das nicht stimmen kann. Aber man hat dieses Erlebnis, von dem also der *Mephisto* meint: Wenn der Beweis selbst da wäre, der den Stein ergreifen kann, daß dieser ihn dann erfahren hat! An diesem Erfahren kann keine Philosophie, keine philosophische Überlegung irgend etwas ändern; denn sie ist eine Tatsache und als Realität, als Tatsache erfahren worden. Und Erfahrungen sind ja objektive Dinge und nicht wegzudiskutieren.

Wenn man diese Methode, die hier geschildert wird, zur Idee einer Sache aufzusteigen, so benutzt, daß man das, was man erreicht als Idee, die als Wesenhaftes im Denken erlebt wird, jetzt in sich selbst immer wieder erneut wirken läßt, ohne auf den Inhalt selber zu schauen, sondern es nur in sich lebendig erhält, leitet man auf diese Weise eine innere Seelenentwicklung ein, die zu höheren Erkenntnisorganen führen kann. Das wird hier dann noch zum Schluß geschildert. Diese Methode führt nicht nur zur Erkenntnis gewisser Zusammen-

hänge, sondern leitet selbst eine reale Entwicklung der Menschenseele ein, wie sie der modernen Zeit gemäß ist.
Ja, damit habe ich charakterisiert, was gegenwärtig im Mittelpunkt der Menschheitsentwickelung steht, nämlich diese Fähigkeit zu benutzen, um aus den Phänomenen heraus die Idee zu erfahren und aus dem Wesen der Sache heraus, die man damit erfährt, zu wirken. Das Wirken aus der Idee der Sache, aus dem Wesen der Sache heraus, ist das, was man als freier Mensch erstreben sollte.

Nun werden wir uns dann morgen damit zu beschäftigen haben: Wie läßt sich das auf das Gebiete der Sozialwissenschaft anwenden? Kann man da zu einer sozialen Ordnung finden, einer Ganzheitsordnung aus den Phänomenen heraus, die in dieser Weise als Idee erfahren und von jedem beschritten werden kann? Kann das zu etwas werden, was Inhalt einer allgemeinen Bildung werden kann und werden muß? Kann man das vielleicht dann einsehen, daß man, ohne daß solche Wege beschritten werden auf diesem Gebiete, ganz gewiß nicht zur Überwindung dieser schweren Krankheit, die ja die Menschheit befallen hat, kommen kann? Man muß es vielleicht doch so sehen, und das war ja, was ich zu Beginn auch als Hypothese aufstellte, daß, wenn man die Phänomene, die Symptome, die in diesem Jahrhundert aufgetreten sind, anschaut, man sagen muß: Wir haben in Mitteleuropa unsere Aufgabe nicht erfüllt! Und wenn man sich das jetzt vor Augen stellt, was ich versuchte hier darzustellen als „die Aufgabe Mitteleuropas": zum Wesen der Sache aufzusteigen, eine Wesenserkenntnis zu üben, wenn man das also anschaut, nachdem wir äußerlich nichts Großes bewirken können und sollen, dann haben wir die eigentliche Aufgabe. Aber die Welt wartet auf diese Einschläge und darin liegt die Bedeutung, die solche Unterneh-

men haben, die ja unser Freund *Heidt* und unsere Freunde mit solcher Energie versuchen in die Öffentlichkeit hereinzubringen.
Also, das war es, was ich ihnen heute zur Einleitung oder als Hintergrund sagen wollte, um dann morgen die Konsequenzen daraus zu ziehen für eine Erkenntnis dessen, was wir den „sozialen Organismus" nennen.

– Beifall –

Anmerkungen

Alle GA-Angaben beziehen sich auf die Rudolf Steiner-Gesamtausgabe, verlegt im Rudolf Steiner-Verlag, Dornach/Schweiz

1. *vgl. die Ausführungen von Wilhelm Schmundt: „Die Materie und ihr Ursprung" in ders. Autor „Zwei Grundprobleme des 20. Jahrhunderts", Wangen 1988, S. 11 ff*
2. *Alle hier wiedergegebenen Seitenzahlen beziehen sich auf die Ausgabe von Rudolf Steiner: „Goethes Naturwissenschaftliche Schriften", Dornach 1926/Freiburg 1949*
3. *Der Vortrag wurde ein Jahr nach der Gründung der Grünen Partei gehalten, zu einem Zeitpunkt, als sich Menschen, die in der Ideenrichtung Steiner-Schmundt-Beuys standen, dort stark engagierten. vgl. auch Petra Kelly/Joseph Beuys: „Diese Nacht, in die die Menschen...", Wangen 1994*
4. *Goethe: Faust II, A I, Saal des Thrones, 5063 u. 64*

Zweiter Vortrag

Die Lehre vom sozialen Organismus in seiner Freiheitsgestalt als Beitrag Mitteleuropas zum Brückenschlag zwischen Ost und West

29.12.1981

Das Thema des heutigen Vormittags heißt: *„Die Lehre vom sozialen Organismus in seiner Freiheitsgestalt als Beitrag Mitteleuropas zum Brückenschlag zwischen Ost und West"*. Der Beitrag kann natürlich wiederum nur skizzenhaft sein, wie gestern auch. Gestern versuchte ich, einen gewissen welthistorischen Hintergrund zu schaffen, damit man die Bedeutung der gegenwärtigen Lage, speziell in Mitteleuropa ins Auge fassen kann. Natürlich konnte das nur skizzenhaft sein. Ich glaube nicht, daß es möglich ist, die Aufgabe – eben unsere Aufgabe in der Gegenwart, in dieser so entscheidenden Gegenwart – innerhalb der Geschichte richtig zu erfassen, wenn man sie nicht vom Ganzen der Geschichte, der Weltgeschichte her erfassen kann. Und dazu gehört nun eben einfach, um dies zu erfassen, die Aufgabe, die wir als Menschen, die wir inkarniert sind hier in Mitteleuropa, die wir haben. Man kann sie nicht anders erfassen, als wenn man eben die gesamte Weltgeschichte dazu nimmt. Und daher die Notwendigkeit einer Menschenwissenschaft, einer Anthroposophie, die einfach mit Notwendigkeit auftritt in dieser Zeit. Ob diese Wissenschaft erfüllt ist mit Inhalt, das kann man ja selbst durch eigene Erfahrung feststellen; aber es ist eine Notwendigkeit, daß sie kommt. Und das kam ja vielleicht auch gestern zum Vorschein. Wenn Sie das verstanden haben, was ich versuchte in dieser skizzenhaften Weise zu entwickeln, konnte ja vielleicht auch ein Wille, ein Wirksames erfahren werden.

Wenn man die Fragestellung jetzt so richtet über das, was wir gestern gesprochen haben, dann müßte man sie so stellen: Wie ist es möglich, einen solchen Haufen von Egoisten... denn wir sind ja Ich-Menschen geworden, also Ego – Ego heißt ja Ich – Ich-Menschen sind wir geworden, wir sind echte Egoisten geworden. Und das ist das Glück unseres Daseins! Die ganze Weltgeschichte ist sozusagen darauf angelegt, Egoisten zu erzeugen, und die sind wir also wirklich geworden. Ist das deutlich, daß wir das geworden sind? (Lachen) Aber zugleich ist eben damit verbunden auf der einen Seite diese Tat der Gottheit, daß sie die Welt in den Tod hineingeführt hat. Denn wenn wir gestern sprachen von den mechanischen Kräften, diesen physischen Kräften der Welt: Sie sind ja berechenbare Kräfte! D.h. sie sind nicht mehr lebendig, sie sind berechenbar geworden. Dieses berechenbar Geworden-Sein der physischen Kräfte, der Trägheitskraft, der Schwerkraft und anderer Kräfte..., der Wärmedruckkraft, alles das ist ja berechenbar. Man kann sie auf mathematische Formen bringen, ein Zeichen dafür, daß der ganze Kosmos ins Sterben gekommen ist. Und von daher muß man jetzt sehen: die Erde als Keim einer neuen Welt. Da sind wir hineingesetzt als nun eben – Ich-Menschen. Um das zu ermöglichen, hat die Gottheit dieses ungeheure Schauspiel, dieses Drama, oder wie man das nennen will, aufgeführt und gewagt, daß wir in den Tod hineinkommen, abgeschnürt werden von den geistigen Ordnungen, von den wesenhaften Ordnungen, uns nun hier als Egoisten finden und damit im Grunde dem Tod überliefert sind, abgeschnürt von den Lebens- und Wesenswelten. Ohne diese Tat, auf die wir in diesen Tagen der Besinnung zwischen Weihnachten und Epiphanias hinblicken, ohne diese Tat wären wir eben wirklich verloren gewesen. Es ist ein Wagnis, das die Gottheit eingegangen ist, daß sie uns in den Tod hineinführte, in die

Abschnürung der Lebens- und Wesensordnungen, um Egoisten zu werden.
Aber das ist nur die eine Seite der Sache, verehrte, liebe Freunde, die eine Seite der Sache, eine notwendige Seite. Denn das Herausführen aus dem Egoismus ist eben möglich durch solche Wege, wie wir sie gestern betrachteten: dieses Ringen darum, wiederum eine Verbindung zu finden mit den Lebens- und Wesensordnungen auf diesem Wege, der mit der Mystik einsetzt, wo zum ersten Mal das Ich ergriffen und die Möglichkeit gesehen wird: Man kann von daher – aus dem eigenen Ich heraus – wiederum Wesensordnungen finden im Denken.
Aber das ist nur die eine Seite der Sache. Ich möchte die andere Seite auch wiederum ganz kurz nur beleuchten durch einige Sätze aus diesem Büchlein *„Die Schwelle der geistigen Welt"*(GA 17) von *Rudolf Steiner:* Sätze, die einem mit das Liebste sein werden oder werden können, was überhaupt von diesem bedeutenden Geist geäußert worden ist. Da wird in diesem Büchlein im Rahmen eines gewissen Gedankenganges von dem Mitgefühl, der Liebe gesprochen, und es wird Folgendes gesagt: *„Die Liebe ist für den Menschen die bedeutsamste Frucht des Erdenlebens in der Sinneswelt. Durchdringt man das Wesen der Liebe, des Mitgefühls, so empfindet man in diesen die Art, wie das Geistige in der Sinneswelt sich in seiner Wahrheit auslebt. Man kann sagen, daß mit dem übersinnlichen Bewußtsein die Menschenseele in der geistigen Welt aufwacht."* Das ist ungefähr das, was wir gestern andeuteten, dieses Erfahren der Idee als Wesensordnung, ein Aufwachen, ein erstes, anfängliches Aufwachen in geistigen Ordnungen und Zusammenhängen, die in sich gegründet sind. Also: *„Man kann sagen, daß mit dem übersinnlichen Bewußtsein die Menschenseele in der geistigen Welt aufwacht. Man muß aber*

ebenso sagen, daß in der Liebe das Geistige innerhalb der Sinneswelt aufwacht. Wo Liebe, wo Mitgefühl sich regen im Leben, vernimmt man den Zauber auch des die Sinneswelt durchdringenden Geistes." Da ist also sozusagen die andere Seite, die notwendig mit dazu gehört. Wie wir als Menschen in diesem Menschenleben dieses wunderbar Doppelte habe – das Männliche und das Weibliche –, so hat man also hier auf der einen Seite das Heraufsteigen aus dem Egoismus heraus, Heraufsteigen zu einer Wiederverbindung mit den Ordnungen des Geistes, auf der anderen Seite das Herunteraufwachen im Zusammenhang damit; denn ohne das geht es nicht. Im Zusammenhang damit haben wir das Aufwachen der Liebe in der irdischen Welt, wo man den Zauber des Geistes auch empfindet, wenn das geschieht. Das ist dieses, was man auch nennen kann: Altruismus oder dem Anderen-verbunden-Sein. Und damit haben wir das Grundthema dessen, was wir heute nun zu betrachten haben: die Polarität des Egoismus und des Altruismus. Denn der Egoismus ist nicht etwas, was man abzuurteilen hat, sondern ganz im Gegenteil. Es ist ja wirklich das Erreichnis, das Erreichnis der Weltentwickelung, daß wir Egoisten geworden sind, Ich-Menschen geworden sind. Aber nun eben besteht da eine Gefahr des Verharrens im Abgestorbenen, in der Entfremdung, des Erstarrens und damit eben des Erlöschens dessen, was man als Liebe dann in der Welt doch verwirklichen möchte.

Ja, damit haben wir also das Grundthema, mit dem wir beginnen können, um eine Gestalt zu entwickeln, die Gestalt des sozialen Organismus. Nun müssen wir uns – vielleicht gleich am Anfang dieses Dramas, das ist wohl das Beste – einen Begriff des sozialen Organismus schaffen, weil dieser Begriff manchmal nicht deutlich genug gesehen wird. Man muß sich wieder auf den Entdecker des sozialen Organismus berufen, denn man kann *Rudolf Steiner* als den Entdecker des sozialen Organismus bezeichnen. Der soziale Organismus ist eine Wirklichkeit, eine Tatsache, die existiert, die man bloß nicht mit Augen sieht, so wie man irgend einen anderen Organismus sieht, sagen wir mal ein schönes Reh oder so etwas. Das sieht man ja mit Augen, und dann sieht man da eben einen Organismus vor sich. Den sozialen Organismus hat man nicht vor Augen. Man muß ihn also bilden, indem man die Erscheinungen des sozialen Lebens anschaut und fragt: Ist da so etwas wie eine Ganzheitsgestalt, eine Ganzheitsgestalt eines Organismus zu entdecken, und in welchem Zustand ist sie und wie muß sie geändert werden wenn sie gesund sein soll, vorausgesetzt, daß sie krank ist und das ist ja doch offenbar der Fall. Das sieht man ja an allen Verwirrungen dieses Jahrhunderts, daß der soziale Organismus, wenn es ihn gibt, ganz bestimmt krank ist.

Nehmen wir also einmal wieder hypothetisch einen ersten Begriff des sozialen Organismus, wie ihn sein Entdecker *Rudolf Steiner* geschildert hat. Da ist etwas ganz Wichtiges; da sagt er in den *„Kernpunkten der sozialen Frage"* (GA 23) am Anfang des zweiten Kapitels: Man muß eine Denkorientierung einnehmen, wenn man den sozialen Organismus ins Blickfeld bekommen will, eine Denkorientierung einnehmen, die sich richten kann nach der Art, wie der menschliche Leibesorganismus aufgebaut ist und was für eine Ordnung er hat. Und da weist er wiederum hin auf seine Entdeckung, die er in dem Buche *„Von Seelenrätseln"* (GA 21) – 1917 ist es erschienen – darstellt im Anhang, im 4. Kapitel, über die Bedeutung und die Ordnung des menschlichen Leibesorganismus als Grundlage für das Seelenleben. Er bezieht sich dort auf *Franz Brentano*, diesen bedeutenden Philosophen, der ja auch um den Zusammenhang zwischen Seele und Leiblichkeit gerun-

gen hat, und schildert nun – das ist die Entdeckung, die er dort macht, und die einem als Idee auch deutlich werden kann –, wie die menschliche Leiblichkeit eine Dreigliederung aufweist: zunächst das Nerven-Sinnessystem als Grundlage für das Vorstellen. Unsere ganzen Vorstellungen, die wir im Wachbewußtsein erleben, alles, was wir durch die Sinne hereinnehmen und was dann zur Vorstellung wird, also nicht Grundlage für das Denken ist in dem Sinne, wie wir gestern vom Denken gesprochen haben als Erfahrung der Idee. Sondern im strengen Sinne muß man dann von Vorstellung sprechen, Vorstellung als Grundlage für das Denken, als der Inhalt, mit dem das Denken umgeht.
Also: das Nerven-Sinnessystem als die Grundlage für das Vorstellen. Das rhythmische System, Herz-Lungensystem als Grundlage für das Fühlen und das Stoffwechsel-Gliedmaßensystem als Grundlage für das Wollen, das am meisten im Traum, im Schlafbewußtsein bleibt. Wir bekommen das Wollen ja nicht in das Wachbewußtsein wie das Vorstellen, und das Fühlen bleibt ja mehr in einem Traumbewußtsein. Also die Dreigliederung des menschlichen Leibesorganismus schildert er in diesem so bedeutsamen Buch *„Von Seelenrätseln"*. Und diese Art des Anschauens empfiehlt er dort, um für den sozialen Organismus eine Orientierung des Denkens zu geben, damit man auch dort zu einem Ganzheitsbild kommt, das in sich gegliedert ist und das man schildern kann als Grundlage des sozialen Lebens.
Dieser Gedanke ist jetzt ganz wichtig, daß er das so schildert in den *„Kernpunkten der sozialen Frage"*: Der Leibesorganismus als Grundlage für das Seelenleben des Menschen. Das wird manchmal in seinen eigenen Darstellungen oft nicht mehr so deutlich, daß der soziale Organismus Grundlage für das soziale Leben ist, daß er nicht das soziale Leben selber ist, so wenig

wie das Seelenleben das Leben des Leibesorganismus ist. Sondern der Leibesorganismus ist die Grundlage für das Seelenleben. Für das eigentliche menschliche Seelenleben ist der Leibesorganismus die Grundlage, auf der es sich entfalten kann. Und so ist der soziale Organismus die Grundlage für das soziale Leben! Weswegen *Rudolf Steiner* auch 1922 bei dem großen Kongreß in Wien im letzten Vortrage (10 Vorträge waren es), der überschrieben ist *„Die Kernpunkte der sozialen Frage"*, dann so anfängt: *„Als ich vor drei Jahren mein Buch 'Die Kernpunkte der sozialen Frage' veröffentlichte, da mußte ich die Erfahrung machen, daß es ganz mißverstanden worden ist, von allen Seiten mißverstanden worden ist."* (GA 83) Von allen Seiten! Damit meint er also auch diejenigen, die die Sache vertreten haben, in dieser Bewegung für soziale Dreigliederung, die damals 1919, 1920 mit mächtigem Schwung und von bedeutenden Persönlichkeiten eingeleitet worden war. „Alle Seiten haben es mißverstanden"; so wird das ausgesprochen. *„Man hat nämlich das, was ich schilderte, genommen als etwas, das eingerichtet werden soll."* Aber darum handelt es sich gar nicht; es handelt sich um die Grundlage dessen. *„Nicht darum handelt es sich, zu sagen, was die Menschen tun sollen."* Das Tun – darin die Freiheitsphilosophie, mit der er die ganze Anthroposophie begonnen hat – das Tun kann gut nur sein, wenn es aus der individuellen Einsicht, der Wesenserkenntnis des Einzelnen herausfließt. Ohne daß der Einzelne wirksam ist aus seiner individuellen Einsicht heraus, aus der Erkenntnis heraus, kann heute nichts Gutes mehr geschehen. Also, das ist ein Grundsatz: Es kann heute nichts Gutes mehr geschehen, wenn es nicht erfließt aus der Einsicht, aus der Erkenntnis des Notwendigen, der Wesensordnung heraus. Und deshalb kann es sich also gar nicht darum handeln zu sagen, was man tun soll. Das ist nicht die Aufgabe der Bewegung für soziale Dreigliederung zu sagen, was getan werden soll. Nun bitte ich Sie, sich einmal umzusehen, bei welchen Parteien auch immer. Fortwährend wird gesagt: Das muß gemacht werden, das muß gemacht werden, das muß gemacht werden.... Aber nie wird darauf aufmerksam gemacht: Ja also, wir brauchen Menschen, die einen Weitblick haben, die frei denken können, die aus Freiheit, aus Einsicht handeln können. Die werden wir beauftragen mit diesem oder jenem Aufgabengebiet. Nun, darauf müssen wir ja nun kommen.

Aber Sie sehen, wie bedeutend es ist, den Begriff des sozialen Organismus zu beschränken auf die Grundlage. *Rudolf Steiner* drückt das so aus: *„Man muß die Ordnung so machen, daß die Menschen in richtigen Verhältnissen miteinander arbeiten können."* Das ist offenbar heute nicht der Fall – das kann man ja überall sehen –, offenbar sind wir nicht in den richtigen Verhältnissen drinnen, um miteinander Fruchtbares zu erarbeiten. Im allgemeinen, im Großen ist es doch jedenfalls nicht der Fall. In den Rechtsordnungen der Staaten und der heutigen Staatszusammenhänge ist es ganz gewiß nicht so, daß die Ordnungen so sind, daß man eben diese Freiheitsordnung verwirklichen kann. Das ist nicht der Fall. Man findet das selten so deutlich ausgesprochen wie in einem Zitat, das ich gottlob einmal gefunden habe und worüber ich ungeheuer glücklich war, als ich das fand, so ein Zitat – man muß ja immer wieder zitieren, mit vollem Recht auch, nur natürlich nicht bei den Zitaten bleiben, sondern sie in das Ganze einordnen. Da finden wir ein Zitat aus dem Juniheft der Zeitschrift *„Soziale Zukunft"*, einer Zeitschrift, die in der Schweiz erschien, von *Roman Boos* redigiert. Darin ist ein Aufsatz von *Rudolf Steiner* abgedruckt und es wird Folgendes ausgesprochen: *„Niemand soll den Glauben haben, daß durch irgendeine soziale Einrichtung das erreicht werden kann, das entstehen kann, was er* *sich vielleicht als einen Idealzustand vorstellt. Was erreicht werden kann, ist der lebensfähige, gesunde soziale Organismus. Was darüber hinausgeht, müssen die Menschen durch anderes finden, also die soziale Gestaltung. Die Aufgabe dieser Gestaltung kann nicht darin liegen, das Glück zu begründen, sondern die Lebensbedingungen des gesunden sozialen Organismus zu finden."* Und jetzt kommt dieser Satz: *„Auch der natürliche, gesunde Organismus"* also unser Leibesorganismus *„schafft von sich aus nicht, was die Seele an innerer Kultur entfalten muß. Ein kranker natürlicher Organismus verhindert sie daran."* Wenn der Leibesorganismus krank ist, dann kann die Seele sich nicht gesund entfalten. Und ein gesunder sozialer Organismus kann nur die Voraussetzungen schaffen für dasjenige, was die Menschen in ihm durch ihre individuellen Fähigkeiten und Bedürfnisse entwickeln wollen. Also, ich bitte Sie, diesen Satz doch ganz ernst zu nehmen und gewichtig zu nehmen. Er bildet die Ausgangslage oder – wenn man so will – auch das Ergebnis. Das geht ja immer so im Kreise herum: Auf der einen Seite ist es Erkenntnis, Ergebnis dessen, was wir hier mit *Heidt*, mit *Rösch* und wie sie heißen, geschaffen haben. Auf der anderen Seite, wenn man dann von dort aus den Begriff des sozialen Organismus beleuchtet, dann kommt man eben auf das, was ich ihnen vorgelesen habe, daß der Organismus nur die Grundlage sein kann für das soziale Leben und nicht angibt, was getan werden soll. Was die Menschen dann miteinander machen im sozialen Organismus, das muß man abwarten, einfach abwarten. Es kann total verkehrt werden, was sie machen. Es kann gesundwerdend, es kann krankmachend sein, wie im Seelenleben auch: Man kann faul sein im Seelenleben, man kann fleißig sein, man kann alle möglichen Dinge machen, das kann man nicht vorausbestimmen. Nun, das muß man eben abwarten, was dann kommt. Aber die Voraussetzung, daß es möglich ist, ein gesundes soziales Leben zu führen, ist der gesunde soziale Organismus. Also ich hoffe, daß Sie das mitbekommen haben.

Wenn Sie jetzt so lesen, was in der sozialen Dreigliederungsbewegung seit 1919 geschehen ist, von dem *Rudolf Steiner* sagt: Es ist nicht verstanden worden, so finden Sie das bis heute, diesen Punkt des Nicht-verstanden-Habens und des Verwechselns des sozialen Lebens mit dem sozialen Organismus – durchgehend, eigentlich durchgehend, wenn man vom Achberger Kreis und all den Verflechtungen, die damit zusammenhängen, absieht. Man versteht eben unter dem sozialen Organismus das soziale Leben und das hat drei Bereiche. Das hat den Kulturbereich als Geistesleben, es hat den Rechtsbereich als Rechtsleben, das hat den Wirtschaftsbereich, nun eben als Wirtschaftsleben, und damit hat man das soziale Leben dreigeteilt. Aber den sozialen Organismus hat man damit überhaupt nicht erfaßt. Und daran kranken wir also ganz furchtbar. Oder vielmehr – wie soll man das ausdrücken – man leidet darunter, man wird dadurch leidend gemacht. (Lachen) Ja, manche wissen, und Freund *Heidt* weiß es auch, wie man ein leidvolles Dasein führt, wenn man das, was wir hier besprechen, meint vertreten zu müssen aus dem Wesen der Sache heraus.

Nun da haben wir jetzt einen Begriff des sozialen Organismus, den Sie – ich bitte Sie – erst einmal selbstverständlich als Hypothese nehmen. Ob er dann gültig ist, kann nur seine Brauchbarkeit zeigen. Zwei Dinge sind es, die es zeigen, ob er gültig ist: Einmal muß es eine in sich selbst ruhende, gültige Idee sein, Idee in dem Sinne, wie ich das gestern versuchte zu entwickeln: eine Gedankenganzheit, eine Begriffsganzheit, die als

in sich gegründet erfahren wird und aus der heraus man wesensgemäß denken kann in den sozialen Dingen. Und das andere: die Fruchtbarkeit. Und das erweist sich bei dem, von dem wir meinen, daß der soziale Organismus in dieser ersten Gestalt, Begriffsgestalt ergriffen sein kann. Wir meinen, daß nun dieser Punkt erreicht sei, daß also nach 50, 60 Jahren, nachdem *Rudolf Steiner* das inauguriert hat, es erreicht ist, daß die elementaren Bereiche, der soziale Organismus in seiner Freiheitsgestalt, ergriffen ist im Denken und erkannt ist.
Ja, und nun meinen wir eben, daß es gar kein Heil gibt, geben kann im sozialen Leben, wenn man nicht unter diesem Gesichtspunkt des sozialen Organismus die Dinge anschaut in seiner Gestalt. Von da aus sieht man, was krank ist in den heutigen Ordnungen der Organismen. Was muß am heutigen Organismus geändert werden, aus den Notwendigkeiten der Sache heraus geändert werden? Wobei dann nicht die Frage ist: Was soll gemacht werden? Wenn man sieht, daß heute Unfug gemacht wird – sogar der allergefährlichste Unfug –, dann muß man selbstverständlich dagegen angehen. Das hat aber nichts zu tun mit dem anderen. Dann sind das notwendige, pragmatische Dinge, die getan werden müssen, z.B. was bei den *Grünen* gemacht wird. All das sind notwendige Dinge, die getan werden müssen, damit nicht alles ins Unheil hineinkommt. Das geht an die Symptome heran. Aber eine Heilung an den Wurzeln ist damit nicht geschehen. Und daher kann man das, was wir hier zu besprechen haben, was ich gestern versuchte zu begründen und was wir heute noch aufreißen wollen, um so etwa eine Ahnung vom Bild des sozialen Organismus zu erhalten, darum kann man das gar nicht gewichtig genug nehmen. Es ist eine volle Dimension wichtiger als die notwendigen pragmatischen Dinge, die wir heute im Rahmen des sozialen Lebens ergreifen müssen. Da kann man

dann die Aufgabe Mitteleuropas wirklich gewahr werden. Andere Völker haben andere Aufgaben, aber Mitteleuropa hat diese Aufgabe, den Beitrag zu liefern in dieser Richtung. Die ganzen Phänomene seiner Geschichte zeigen das. Das versuchte ich ja gestern darzustellen. Die ganzen bedeutenden Persönlichkeiten aus dem deutschen Idealismus zu Beginn des vorigen Jahrhunderts und im weiteren Verlauf des Jahrhunderts, was dann alles zugedeckt worden ist oder vergessen worden ist durch den Materialismus, der herrschte, so daß man dann schließlich den Materialismus dahin brachte, zu sagen (aus einem merkwürdigen mißverstandenen Wissen um die Bedeutung Europas wurde dann eben gesagt): Das ist ja ein Ergebnis der Naturwissenschaft, dieses Werden von Organismen, dieses Vererbungsprinzip und das Ausscheiden der schlechten Erbanlagen. Das, was da schlecht ist, das muß man eben vernichten. Das ist ja einfach eine Konsequenz aus der Naturwissenschaft des vorigen Jahrhunderts. Und das ernst zu nehmen, das hat *Hitler* getan. Er hat es völlig ernst genommen. Wir sehen an dem Schrecken: Was hat das für Konsequenzen! Mit wirklich ungeheuren Schrecken – was hat Europa für ein Unheil angerichtet, aus dieser materialistischen Denkungsart, die ernst genommen worden ist. Das kann man gar nicht schrecklich genug erleben! Aber auch als Tragik erleben! Wirklich als Tragik erleben! Und daher das Erretten der Wissenschaften aus dem Materialismus heraus. Die wenigen Andeutungen, die ich gestern machte über die Physik etwa, das sind Taten, die gefordert werden. Aber das ist nicht so mit ein paar Worten gemacht. Vielmehr muß es eben hineingebracht werden in diese vollmenschliche Haltung, die die Erkenntnisfragen ernst nimmt und weiß, worum es geht auf allen Gebieten. Wie soll man denn sonst die Liebe zu einer Sache bekommen, dieses andere Element? Wie soll man denn Liebe zu der

Sache bekommen, wenn man sie nicht in den geistigen Ordnungen gründen kann?

Also, nun habe ich genug einleitend gesprochen.

Ja, nun werden wir also einfach von dieser Polarität, von Egoismus und Altruismus ausgehen und jetzt die Phänomene unseres heutigen Wirtschaftslebens betrachten. Und da ist ja dieses Eigenartige, wie sich das entwickelt hat im Laufe des vorigen Jahrhunderts und in unserem Jahrhundert immer mehr, dieses ganz altruistische Element – nicht der Entwicklung nach, sondern den Tatsachen nach altruistische –: die Arbeitsteilung und damit eben das assoziative Wirtschaften.
Man muß ja einmal sehen, wie das ist, wie heute nichts geschieht im Wirtschaftsleben, wovon der Einzelne sagen kann: Das habe ich gemacht. Sondern es müssen unübersehbar viele andere Menschen gearbeitet haben und zugeliefert haben, Vorprodukte oder Gedanken und Bildung und was alles notwendig ist, damit der Einzelne etwas schafft. Es ist gar nicht anders denkbar, als daß er weiß: Was ich hervorgebracht habe, verdanke ich etwa nicht nur mir. Gewiß, ich habe einen Anteil daran. Aber ohne die anderen, ohne alles, was sonst noch geschehen ist, ist heute gar nichts, überhaupt gar nichts möglich. Und das ernst zu nehmen! Da hat man im Grunde den objektiven Altruismus im Wirtschaftsleben darinnen. Davon können wir vielleicht ausgehen, um in den Phänomenen Ordnung zu bekommen.
Auf der anderen Seite ist dieses private, dieses egoistische Element da, überall, wo wir im privaten Bereich sind: also im Familienbereich, oder das private Haus, der private Haushalt. Der Begriff des Haushalts ist ja in diesem Sinne durchaus ein egoistischer, wo das Ego sein Recht hat und für sich sein inne-

res Leben entfalten kann im Kreise des Privaten. Das sind natürlich alles Dinge, die ich da anführe, die man weiter ausführen müßte. Aber nehmen wir einmal diese Polarität: Wir werden als Menschen inkarniert, kommen herein, inkarnieren uns in irgendeiner Familie als Kinder. Und dann sind wir herangewachsen, So etwa mit 20, 21 Jahren herum, kann man sagen. Man ist jetzt also wirklich da mit seinem Selbst, mit seinem Ich, nicht mehr geleitet von anderen Mächten, von denen das Kind noch behütet ist, aus anderen Zusammenhängen noch behütet ist. Man hat diesen Stand erreicht, der in der Menschheitsentwickelung eben dahin geführt hat, daß wir Egoisten, Ich-Menschen geworden sind. Und jetzt sehen wir uns hineingestellt in die Menschengemeinschaft und sehen: Da ist unser Feld, in dem wir uns selbst zu entfalten haben und in dem wir unsere Aufgabe haben, unsere Verpflichtung haben, zur Arbeit für die Anderen.
Lassen wir das so einfach stehen, aus dem was ich vorher schon sagte, dieses altruistische Prinzip innerhalb des Miteinander-Arbeitens für das, was notwendig gearbeitet werden muß. Also, wenn wir hier inkarniert sind, dann müssen wir arbeiten, sonst, ja, wenn alle Menschen nichts tun würden, dann wäre es natürlich vorbei mit der Menschheit, das ist klar. Also, arbeiten müssen wir. Und daher haben wir auf der einen Seite das Arbeitsfeld, wenn wir das so unterteilen wollen. Da ist also das Arbeitsfeld,

(zeichnet)

wo der normale Erwachsene, wenn er eben nicht gerade arbeitslos ist (das ist ja ein Krankheitsproblem, was wir jetzt momentan nicht betrachten wollen, sondern die normale Aufgabe, die wir haben bei unserer Inkarnation, wenn wir erwach

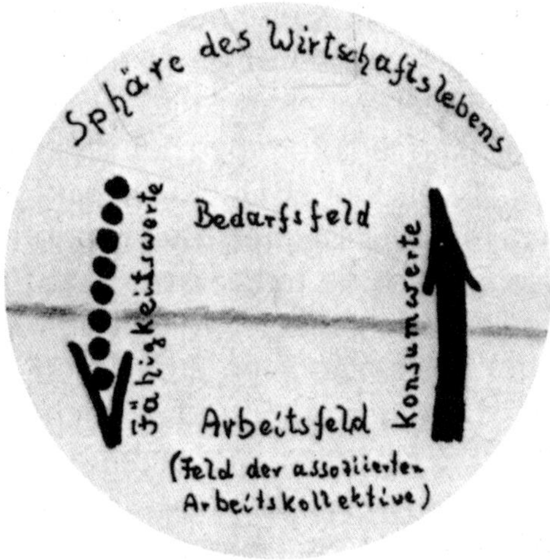

sen sind), in die Arbeit, in die altruistische Arbeit für andere hineinbezogen ist, einfach als Faktum. Und zwar wofür? Nun, für den Bedarf, der da ist, eben für andere Menschen, was die zur Deckung ihres Bedarfs brauchen, für die Pflege der Natur. All dieser Bedarf ist ja da. Die Natur muß gepflegt werden. Es ist ja auch mit unsere Aufgabe, die Erde in ihrem Leben zu erhalten, trotzdem sie ja in Todesprozesse hineinkommt. Also, dann nennen wir das andere „Bedarfsfeld".

Und was ich jetzt so entwickele, verehrte Freunde, das ist vielfältig auch schon dargestellt worden, und man kann demjenigen, der das darstellt, immer wieder den Vorwurf machen: Ach, du machst ja immer wieder dasselbe, das ist ja langweilig! Das bekomme ich dann oft zu hören, wenn ich in Seminaren oder sonstwo zu wirken habe: Ach, jetzt kommt wieder das berühmte Bild! (Lachen) Aber wenn ich das jetzt so betone, dieses Altruistische und das Privatwirtschaftliche, dann ist das doch ein Gedanke, der uns auch erst im Laufe der Zeit so deutlich zu Bewußtsein gekommen ist. Gleich am Anfang, als ich hier das erste Seminar hielt, 1971 oder '72 ist es gewesen, da war das noch nicht so deutlich, diese Unterscheidung des Altruistischen und des Egoistischen, also des assoziativen, arbeitsteiligen Feldes und des privatwirtschaftlichen Bedarfsfeldes.

Sie sehen, wir machen hier eine Charakterisierung. *Rudolf Steiner* nannte die Methode, die wir gestern eine „*Goethe*sche Methode" genannt haben, auch dann in dem Zusammenhang eine „*charakterisierende Methode*", indem man den Charakter der Phänomene gewahr wird! So wie das *Goethe* auch schildert in dem, was ich gestern zitierte, wo er sagt: Ja, den Charakter eines Menschen erfährt man, wenn man seine Handlungen, seine Taten zusammenstellt. Dann erfährt man den Charakter. Was aus dem Wesen des Menschen herauskommt als Charakter, das kennt man, wenn man seine Handlungen und Taten anschaut. Daher der Name „charakterisierende Methode", die identisch ist mit dieser Methode, die ich gestern versuchte zu schildern, diese *Goethe*sche Methode zum Aufsteigen in die Ideenwelt, zum Gewahrwerden der in sich selbst gültigen Idee der Sache.

Also, der Charakter des Arbeitsfeldes: arbeitsteilig, assoziativ. Das Wort „assoziativ" ist ein sehr wunderbares Wort; das Soziale ist darin. Das Soziale ist ja das Altruistische, und das Assoziative ist das Miteinander-Arbeiten in solchen Zusammenhängen, wo keiner für sich arbeiten kann, sondern jeder Betrieb, jedes Unternehmen, jede Schule, jede Hochschule, jede Universität – was es auch immer sei – kann nie für sich arbeiten, sondern braucht immer dazu alles andere, was da auch arbeitet oder gearbeitet hat. Ja, das ist dieser Charakter des Assoziativen, der aber nicht beachtet wurde.

Das steht Ihnen hoffentlich vor Augen, daß heute die Ordnungen in diesem Gebiet des Arbeitsfeldes ganz und gar egoistisch sind, privatwirtschaftlich sind. Jedes Unternehmen arbeitet für sich, für seinen Gewinn: Das ist meine Arbeit, das habe ich geschaffen, was da zum Verkauf kommt. Was ich daraus bekomme als Geld, darüber habe ich zu verfügen; denn ich habe das ja verdient! Ganz und gar durchgehend ist das privatwirtschaftliche Prinzip und nicht das altruistische – also nicht das assoziative Prinzip –, maßgebend für die Rechtsordnungen unserer heutigen Wirtschaft, unseres heutigen Lebens überhaupt, und zwar nicht nur in Mitteleuropa, sondern in der ganzen westlichen Welt! Und je weiter man nach Westen kommt, um so mehr!
Und im Osten wird nun dieses altruistische Prinzip, das Soziale in den Vordergrund gestellt und damit zwar ein Assoziatives geschaffen – man hat eigentlich nur die Ausrichtung nach dem Sozialen, dem Miteinander: „Soziale Republiken" im Osten –, aber verloren geht ja dabei das Entscheidende, nämlich das Freiheitswirken des Einzelnen, aus dem heraus Gutes geschehen kann. Es steht Ihnen hoffentlich vor Augen. Die Polarität ist ganz und gar da: Das Assoziative, das Soziale im Osten, das Private, das Egoistische im Westen. Das Altruistische im Osten, das Egoistische im Westen, wobei sowohl das Altruistische etwas ganz Positives als auch das Egoistische etwas ganz Positives hat! Aber doch eben, wenn Sie für sich alleine sind, dann sind sie eben nicht hinreichend. Das Egoistische stimmt einfach nicht mehr, weil man nur miteinander arbeiten kann, und weil ja eben das Liebe-Prinzip, das Altruistische, ein Notwendiges in der Welt ist. Und das Assoziative im Osten, dem fehlt das Notwendige, daß das Gute nur erstehen kann aus der Egoität heraus, aus dem Ich des Menschen heraus, nur erstehen kann aus der Erkenntnis, die ja immer nur eine individuel-

le sein kann. Von daher gesehen haben wir die Ordnungen so zu bilden, daß im Arbeitsfeld wirklich dieses Assoziative bestehen kann und von daher für den Bedarf gearbeitet wird, wobei es sich eben um den Bedarf handelt und man nicht wirbt für das Eigene, sondern eben für das Andere. Also nicht mit dem privatwirtschaftlichen Charakter, sondern mit dem altruistischen Charakter, mit dem gemeinwirtschaftlichen, assoziativen Charakter ist das geordnet. Das ist das Problem.

Nun ist das Problem gar nicht schwer zu lösen, es ist furchtbar einfach sogar! Es gilt eben dieses berühmte Wort, das wir ja gerne anführen: *„Zwar ist es leicht, doch ist das Leichte schwer"*. Wiederum ein so berühmtes Wort von *Mephisto*, der das auch ausspricht: *„Zwar ist es leicht"*, sagt er, *„doch ist das Leichte schwer"*, wenn *Faust* zu den „Müttern", zu den Ideenordnungen der Welt heruntersteigen will. Apropos *Mephisto*, das andere Wort, wie war doch das, *„wie sich Verdienst und Glück verketten, das sehen die Toren"* – er sagt nicht Menschen – *„die Toren niemals ein. Wenn sie den Stein der Weisen hätten, der Weise mangelte dem Stein"*.[1] Der weise *Mephisto* – der ja im zweiten Teil nie etwas Falsches ausspricht; er sagt immer Wahrheiten. Und doch ist er eine Macht des Bösen, die das Böse will und die das Gute schafft. Also noch einmal dieses Wunderbare: *„Wie sich Verdienst"*, also eigene Arbeit *„und Glück"* also Gnade, schicksalhafte Gnade, wie die *„verketten, das sehen die Toren niemals ein. Wenn sie den Stein der Weisen hätten, der Weise mangelte dem Stein"*. Was der Stein der Weisen ist, haben wir gestern ja besprochen: eben diese Fähigkeit eines lebendigen Denkens, das zum Wesen der Sache, zur Idee aufsteigen kann.

Ja, zwar ist es leicht, doch ist das Leichte schwer. So ist es auch mit den Gedanken, die wir entwickeln wollen. Denn jetzt ist ja deutlich, wenn man die Charaktere dieser beiden Sachen nimmt: Wie man im einzelnen dann das, was sich da als Charakter des Egoistischen, des Bedarfsfeldes privatwirtschaftlich zeigt, modifizieren muß; wenn man das in die Rechtsordnung hereinbringen will, lassen wir jetzt ganz weg. Das sind dann Probleme, die wirklich nicht leicht zu lösen sind, die aber grundsätzlich zu lösen sind, weil man die Charaktere hat. Man weiß ganz genau: Das kann nur im assoziativen Feld gelagert sein, jede Aktiengesellschaft, jede GmbH. Das sind Rechtsordnungen, Zusammenhänge, die gehören ins assoziative Feld hinein. Dagegen – sagen wir mal – ein Uhrmacher, der da in seiner Privatwohnung die Uhren repariert, der ganz gewiß auch assoziativ arbeitet im Grunde; denn das, was er braucht an Werkzeug und an Material und all den Dingen, das kann er ja nicht machen, das kriegt er. Also eigentlich arbeitet er assoziativ. Aber der Charakter eines solchen in seiner Wohnstube arbeitenden Uhrmachers – das ist gar keine Frage – ist ein Haushaltcharakter, gehört also in das Privatwirtschaftliche hinein. Das ist nur eine Andeutung, wie man das im Einzelnen modifizieren muß, diese großen, grundsätzlichen Ideenordnungen.

Daher schildert *Rudolf Steiner* das auch, wenn er von dieser „charakterisierenden Methode" spricht: Im Anschauen der Phänomene muß man zu einem ersten Begriff kommen. Das haben wir jetzt gemacht, und dann muß man zurückgehen in den Erscheinungen und eben modifizieren. Das schildert er bei einem *Seminar*, das er im Rahmen des *Nationalökonomischen Kurses*(GA 340) 1922 gehalten hat. Da geht er mit wenigen Worten auf diese Methode ein, nennt sie „Charakterisieren", um dann nach dem ersten Begriff, den man hat, wieder hineinzutauchen in die Phänomene und jetzt zu modifizieren und dann zu verifizieren, also bis in die Rechtsordnungen zu dringen und sie hereinzubringen. Das sind alles so – das ist das Merkwürdige – hingestreute Worte, deren Gewicht man überhaupt zunächst gar nicht merkt. Und von solchen hingestreuten Worten, deren Gewicht man überhaupt nicht bemerkt, ist das ganze Werk dieses Geistesfürsten *Rudolf Steiner* gefüllt. Man liest drüber weg und merkt gar nicht, was da drinnen steht. Einige solche Dinge habe ich hier herausgehoben, um Sie darauf aufmerksam zu machen. Weil dieses Jahrhundert doch wirklich ein besonderes Jahrhundert ist, in dem nicht nur ungeheure Dinge auf dem äußeren Felde passieren, wirklich schreckliche, ganz furchtbare Dinge, die wir noch nie in der Weltgeschichte erlebt haben, sondern auf der anderen Seite dann doch auch wieder Geistestaten geschehen, die dem die Waage halten.

Ja also, nun haben wir dieses so. Und nun können wir einfach nur weiter loslegen und fragen: Wie macht sich denn der Bedarf geltend? Nun, es ist ja eine wunderbare Erfindung der Menschheit, daß sie eben das Geld hat. Da wird also hier (Zeichnung) das Geld (als Berechtigung zum Bezug von Konsumwerten) herausgegeben an die Einkommensempfänger, die hier (Zeichnung) arbeiten, an alle für ihre Privathaushalte, sozusagen. Das Geld wird hier herausgegeben und zwar so, daß es in die Preise der Waren einkalkuliert ist. Da kommt ja die Ware letzten Endes heraus (Zeichnung: dicker Pfeil „Konsumwerte"), die Konsumwaren, die für den Bedarf gemeint sind, also nicht die Vorprodukte, Halbfabrikate, die Investitionsgüter; die bleiben wieder drinnen. Die werden ja nicht fabriziert für den Bedarf, sondern nur indirekt als Grundlage für die Herstellung der Konsumgüter. Also da kommen die Konsumgüter heraus, Konsumwaren, worunter wir alles fassen, was gearbeitet wird im assoziativen Zusammenhang, auch die Bildung natürlich, die Bildung der Zöglinge. Dafür ist ja auch ein Bedarf da. Eine rechte Schule ist natürlich ein Unternehmen mit der Initiative

der darin Wirkenden. Jede Lehrerin und jeder Lehrer ist ein initiativer, aus den Wesensordnungen heraus Handelnder. Das Bild eines freien Unternehmertums, das hier gefordert wird im Zusammenhang mit dem Ideal der Freiheit, ist also wichtig. Also, da kommen diese Waren heraus – oder sagen wir lieber doch „Konsumwerte". Dann hat man den Begriff des Materiellen, der mit dem Warenbegriff immer so verbunden ist, hinausgeschafft. Die Konsumwerte kommen da heraus. Und dafür ist jetzt das Geld hier – natürlich fehlen mir die farbigen Kreiden, aber die sind nicht da und ich werde jetzt erst einmal das dünner machen –, dieser Strom des Geldes, der jetzt bezogen ist hierauf (Zeichnung). Wer die Kalkulation von Preisen kennt im Wirtschaftsbereich, der weiß, daß ja alles miteinkalkuliert ist in die Preise der Konsumwaren: Kosten für die Produktionsgüter, die Vorprodukte, Halbfabrikate, alles, was herausgeht an Einkommen (für die Mitarbeiter des eigenen Unternehmens und die der anderen Unternehmen/Hrsg.), die Vorprodukte, Halbfabrikate fabrizieren, alles das ist ja einkalkuliert in die Warenpreise. In der Summe aller Preise der Konsumwerte ist die Summe alles dessen, was da herausgeht als Einkommen und so weiter, enthalten – als Ideal.
Und dann begegnen die sich am Markt (Zeichnung: rechts Mitte), die Konsumwerte und das Geld, was da als Einkommen herausgeht. Im Idealfall entspricht die Summe alles dessen, was hier herausgegangen ist an Geld, der Summe aller Preise der herausgehenden Waren, selbstverständlich im Idealfall. Man muß das ja modifizieren und sehen, wie ist es überhaupt möglich, daß so etwas zustandekommt. Aber im Grundsätzlichen kann man das so aussprechen in einfachster Weise.
Ja, und nun ist die weitere Frage: Wie holt man denn jetzt die Menschen herein ins Arbeitsfeld, um die Dinge zu machen, die für den Bedarf gebraucht werden? Und das macht wieder

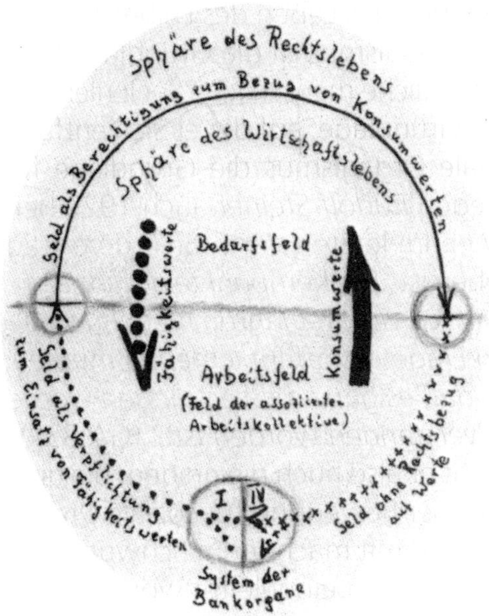

das Geld. Denn das Geld in der Hand des Unternehmers, das ist das Geld in der Hand derjenigen, die das Einkommen bekommen. Das Geld in der Hand des Unternehmers bedeutet ja, daß er die Möglichkeit hat, Mitarbeiter hinzuzuziehen, um miteinander das zu erarbeiten, was notwendig ist für die Bedarfsdeckung. Und der Auftrag, der ausgeht, um die Menschen zur Arbeit hereinzuholen, geht ja von dem Bedarf aus, also von den Konsumenten. Im Grunde geht das, was die Menschen zur Arbeit verpflichtet, hereinholt, von den Konsumenten aus. Die Konsumenten verpflichten für das Geld, das jetzt in die Hand der Unternehmen kommt, die gesamte Unternehmensseite dazu, für den Bedarf zu arbeiten.
Wir haben hier schon zwei Begriffe hereingebracht: das Berechtigen der Haushalte im privatwirtschaftlichen Bereich, *das Berechtigen zum Bezug von Konsumwerten*. Und hier haben

wir den Begriff des *Verpflichtens zum Einsatz der Fähigkeiten* in der Arbeit, um das zu schaffen, was gebraucht wird. Also dieses Verpflichten: Da wird durch das Geld hereingeholt, was hier hereinkommt: die Fähigkeiten der Menschen, um hier zu arbeiten (Zeichnung: gepunktete Pfeillinie).
Ja sehen Sie, da haben wir wieder einen polaren Begriff, eine polare Charakterisierung, mit den ganz groben Begriffen: *Berechtigen* und *Verpflichten*. Wir sind also ganz und gar in *Rechtsverhältnissen* darinnen. Und das ist eben dieses, worauf dann auch unsere Freunde, die gerade im politischen Kampf arbeiten, immer wieder Wert legen, zu zeigen, wie das Geld im Grunde ein Rechtsinstrument ist! Es ist bezogen auf die Konsumwerte und meint: Berechtigung zum Bezug von Konsumwerten. Es meint hier (Zeichnung) Verpflichten zum Einsatz der Fähigkeiten in der Arbeit.

Jetzt haben wir schon zwei Felder. Wir haben also hier das *Wirtschaftsleben* des sozialen Organismus in dieser Polarität: Arbeitsfeld – Bedarfsfeld. Und in dem Strömen, dem Zirkulieren dieser beiden Werteströme: die Arbeit von den Fähigkeiten geleitet, die Natur von der Arbeit ergriffen für den Bedarf finden wir eine Dreiordnung innerhalb dieses Wirtschaftslebens vor. Als ein weiteres Gebiet haben wir das *Rechtsleben*, das insbesondere zu tun hat mit den Grundrechten: das Recht auf Bezug von Konsumwerten und die Pflicht – das ist ja ein Rechtselement –, Arbeit einzusetzen. Meine Freunde bzw. „Feinde", die sagen dann: Ja, richtig! Berechtigen und Verpflichten! Das kennen wir ja zu genüge! Was heißt das denn? Da braucht man nur nach Sowjetrußland zu sehen, da wird das ja praktiziert, das Recht zum Bezug von Konsumwerten: Hier kriegst du dein Geld; soundso viel bekommst du. Und dann das Verpflichten zur Arbeit, die wird dir vorgeschrieben;

das mußt du dann machen. Das ist ja Sowjetsystem, was ihr hier betreibt! Das finden Sie ausgeführt, veröffentlicht in mancherlei Schriften, wie das also reiner Bolschewismus sei. Da wird immer zitiert in langen Seiten und dann wird das so dargelegt als sei das, was wir betreiben, reiner Bolschewismus, und das nur, weil hier von „Rechten und Pflichten" gesprochen wird.
Jetzt sehen Sie das Problem, das hier auftritt. Denn man muß sich noch die Schwerpunkte des Rechtslebens dazudenken: das Berechtigen zum Bezug von Konsumwerten, um den Bedarf zu decken, das Verpflichten zum Einsatz der Fähigkeiten in der Arbeit. Rechtsverhältnisse sind ja im Demokratischen immer ein Vereinbaren. In einem freien Gebilde, wie es in einer echten Demokratie ist, handelt es sich ja immer um ein Vereinbaren von zwei Seiten, von gleichberechtigten Partnern. Also wenn man von Rechten spricht, dann meint das eine vereinbarte Rechtsordnung. Wenn man von Pflichten spricht, dann meint man ein vereinbartes Recht. Wenn ich irgendwo mitarbeiten will – nehmen wir an, ein Unternehmer braucht jemanden, einen Mitarbeiter –, dann vereinbare ich mit ihm in demokratischer Weise die Verpflichtungen, die ich übernehme, und dann entscheide ich mich: Ja, das mache ich. Das geht aber von mir mit genau demselben Gewicht aus wie das, was der Unternehmer mir entgegenbringt als das, was er braucht. Verstehen Sie: In einer freien, demokratischen Ordnung sind alle Rechte und Pflichten Vereinbarungen gleichberechtigter Menschen. Wenn man das übersieht und immer nur sagt: Da ist irgend ein Diktator, der berechtigt, und da ist ein Diktator, der verpflichtet, dann ist man natürlich aus aller Freiheitsordnung draußen. Das wird ja vorexerziert im Osten, und damit ist das Freiheitsleben verloren!
Bitte, sehen Sie das einmal an: Im Osten ist die Entwicklung

weitergegangen, über dasjenige hinausgeschossen, was notwendig ist, um dem Freiheitswesen gerecht zu werden. Im Westen hat man die Möglichkeit noch. Das Privatwirtschaftliche schließt noch in sich das individuelle Handeln, das private, freie Handeln des Unternehmers ein, weswegen unsere Freunde von dem Freiwirtschaftszusammenhang – *Silvio Gesell* – so sehr ausgehen auf das privatwirtschaftliche, freie Handeln des Unternehmers. Das ist aber noch eine Vorstufe. Es kann noch hinführen zu dem Assoziativen, zu dieser Gestalt eines sozia-

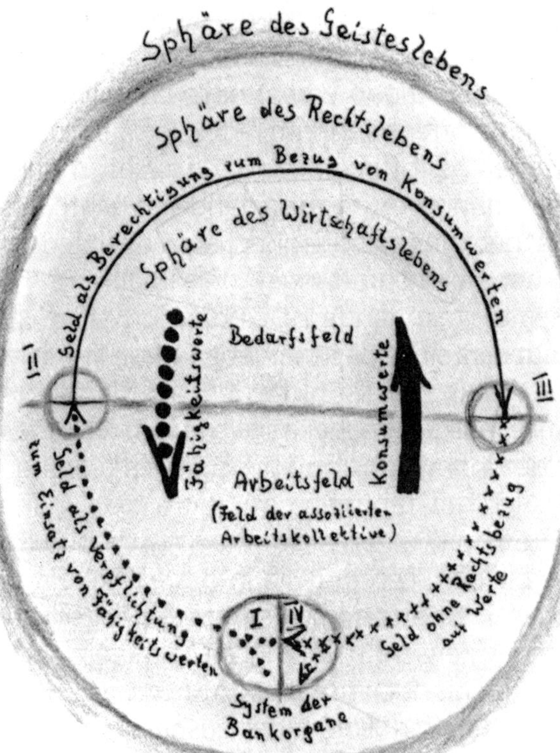

len, assoziativen Ganzen. Da kann es hinführen. Deswegen ist der Westen doch immer noch das Bessere in dem Zusammenhang im Vergleich zum Osten; denn im Osten muß man einen Schritt zurück machen, dort ist man schon zu weit vorgeschossen, bevor das Freiheitswesen entwickelt worden ist.

Ja, jetzt – sehen Sie – kommt das dritte Element: das *Geistesleben*, von dem ja schließlich alle Initiativen ausgehen. Ich kann das nicht irgendwie zeichnen, darum mache ich da so einen großen purpurnen Kranz herum. (Zeichnung: äußerer Bereich) Da kommt jetzt das von da aus hereingestrahlt. Sehen Sie das bitte so an: Hier im Wirtschaftsleben unser Arbeitsfeld und Bedarfsfeld. Da wirken wir, da ist unser Ort, an den wir von der Weltenlenkung hineingestellt sind, mit unserem Ego hineingestellt sind, um altruistisch miteinander zu arbeiten, und in der Privatwirtschaft das Ego zu entwickeln, daß es eben noch zu höheren Verbindungen mit dem Geistigen wieder aufsteigen kann. Dann die Rechtsordnungen, die ihre Schwerpunkte haben im Berechtigen und Verpflichten, und dann eben das, was da überall hineinfließt als Geistesleben. Stellen Sie sich das bitte übereinander vor: das Wirtschaftsleben, darüber dann das Rechtsleben und das Ganze umfassend noch darüber das Geistesleben, wo nun eben hereinkommt alles, was an Fähigkeiten, an Ideen hereinfließt, überall an jeden Arbeitsplatz.

Da haben Sie jetzt den sozialen Organismus als Grundlage für das soziale Leben, den dreigliedrigen sozialen Organismus, wie er sich einem aus dem heraus ergibt, was *Rudolf Steiner* an Anregungen gegeben hat. Er selbst nannte das, was er machte *„Versuche und Anregungen"*. Und er charakterisiert das, was er dargestellt hat, als etwas, das von seinen Schülern weiter erarbeitet werden muß. Das ist darin enthalten, wenn *Rudolf Steiner* davon spricht: Die Grundlage für das soziale Leben ist der äußere Organismus in dieser Dreigliedrigkeit von *Wirtschaftsleben*, von *Geistesleben*, wo alle Fähigkeiten, die die Menschen mitbringen und die ihnen sozusagen mit in die Wiege gelegt werden an handwerklichen, an geistigen Fähigkeiten, seelischen Fähigkeiten, alles das kommt hier aus diesem Geistesleben herein an jeden Arbeitsplatz, überall, wo miteinander gewirkt wird, von *Rechtsleben*, wo es dann geht um Vereinbarungen oder menschliche Anordnungen, oder wie man es auch immer nennen will. Unter all den vielen Möglichkeiten gibt es eben auch die Möglichkeit einer Freiheitsgestalt, die sich im Rechtsleben dann zeigt; denn daß die Dinge nicht in Ordnung sind im Westen und im Osten, liegt am Rechtsleben. Die Rechte, die Gesetze sind ja im Osten ganz anders als im Westen. Im Osten sind sie eben übertrieben altruistisch, und da werden sie „böse" oder wie man das auch immer nennen will. Im Westen sind sie übertrieben egoistisch. Aber dieses mittlere, das eigentlich mittlere System, oder eben auch die Liebe, die sich weder im Osten noch im Westen entfalten kann, muß sich in Gesetzen, in Rechtsordnungen verwirklichen, die eben aus dem Freiheitswesen heraus gefordert werden.

Gerade in diesen Tagen, wo wir Tage der Besinnung haben, in dieser Zeit, ist es doch vielleicht wichtig, daß man das hineinstellt in die großen Zusammenhänge, die in den Grundlagen des Christentums enthalten sind: dieses altruistische und das egoistische Element, das Glück und das Ich und das Zukunftsbild eines liebedurchwobenen sozialen Lebens. Die Grundlage dafür müßte in dieser Dreigliederung des sozialen Organismus zu finden sein.

Ich muß das Bild noch ein wenig ergänzen. Jetzt sind Sie vielleicht schon so müde, daß das nicht mehr geht. (Protest) Gut. Es muß noch etwas ergänzt werden. Es geht natürlich nicht so, wie das jetzt hier scheint, daß die Konsumenten, indem sie das Geld herübergeben, nun sagen, was da gemacht wird – ist ja klar, können sie gar nicht! Sie wissen ja nicht einmal, was ihr Bedarf ist! Wenn dann ein neues Produkt kommt, dann wissen die gar nicht, daß sie das eigentlich bräuchten. Also, die können das bestimmt nicht wissen! Nun ja, daß Sie täglich Butter brauchen, Milch brauchen, Tabak brauchen ..., das kann man ja vielleicht voraussehen. Aber wenn neue Ideen kommen, neue Erfindungen, es kommt jetzt irgend etwas Neues heraus: Der Bedarf danach kann ja erst dann entstehen, wenn es vorhanden ist. Man fragt sich also, woher kommen jetzt die Initiativen für die Arbeit? Sie müssen sich das Bild eines freien Unternehmers einmal vorstellen: Dem Unternehmer, wenn er frei ist und aus dem Wesen der Sache arbeitet, steht selbstverständlich der Bedarf der Menschen und der Natur vor Augen. Und er muß jetzt sehen: Was ist denn der eigentliche Bedarf? Er muß ein Seher sein, ja, ein Spekulant. (Lachen) „Spekulare" heißt ja „voraussehen". Eine solche Abart der Spekulanten haben wir ja wirklich in den großen Bankleuten vor uns. Sie werden selbst sagen: Das ist eine etwas humorvolle Variante des Spekulanten. Aber ein echter Unternehmer muß selbstverständlich in diesem Sinne ein Voraussehe sein. Er muß das wissen, was für ein Bedarf da ist. Und da nützen ihm Konsumentengenossenschaften auch wenig. Natürlich kann man das machen, da wo unmittelbar die Produkte in den Konsum hereingehen. Aber was ich hier an Maschinen brauche, das kann kein Konsument durch Konsumentenvereinigungen aussagen. Dazu gehört die Intuition des Unternehmers. Auch die Unternehmer der Schulen, etwa der Waldorfschulen müssen das aus der Intuition wissen, was die jungen Menschen jetzt in diesem Zeitraum brauchen. Das kann man ihnen nicht vorschreiben. Also die Unternehmerinitiative ist etwas Entscheidendes! Unternehmer in diesem weiten Sinne, daß jeder Mensch an seinem Arbeitsplatz das Ziel hat, Unternehmer zu sein, also aus der Erkenntnis der Zusammenhänge heraus zu schaffen. Es müßten also Menschen da sein, die genügend Überblick und das Wissen haben zusammen mit den Unternehmern.

Sie sehen schon, wie die Sache praktisch zu machen ist, daß man nämlich hier (I) das Geld als ein von Banken rechtlich gesichertes Dokument in die Hand der Unternehmer gibt und daß im Gespräch zwischen den Bankleuten und den Unternehmern etwas zustandekommt, daß man sagt: Das, was der Unternehmer vorhat, das ist sinnvoll. Also, man braucht hier Gespräche. Damit tritt das Gespräch hervor, das gestern Vormittag im Mittelpunkt stand. Ich verweise immer darauf, wie das Gespräch ein entscheidendes Element des Sozialen ist. Hier beginnen diese Gespräche: die Gespräche der Sachkenner, derer, die weiten Überblick haben. Sehen Sie, unter diesem Gesichtspunkt einmal an, was man heute bei den Aktiengesellschaften als Aufsichtsrat praktiziert, und streichen Sie einmal alle Aktionäre weg, weil wir ja gleich sehen werden, daß das eine sinnlose Angelegenheit ist. Also: ein Aufsichtsrat ohne Aktionäre aber mit Sachverständigen, z.B. die Leiter der Banken, die viel Übersicht haben und in vielen solchen Zusammenhänge tätig sind, Leute eben von dem Format eines *Beuys* (der meint: Jeder Mensch ein Unternehmer!), der weiß, es geht um Initiativen, um das Initiative und um einen Blick für das Notwendige. Solche Menschen beisammen, die Kraft ihrer Fähigkeiten die Möglichkeit haben, einen weiten Überblick zu haben und die sehen: Was ist notwendig, und ist das, was ein

Unternehmen hier machen will, sinnvoll im Ganzen? Solche Gespräche können natürlich total schiefgehen, so daß man sich total irrt. Aber das ist ja ganz klar, wie soll das anders sein! Aber jedenfalls wird das genutzt. Man darf das nicht übersehen, was ein Unternehmer an Initiativen hat, der Unternehmer und seine Mitarbeiter. Mit „Unternehmer" ist ja immer gemeint: All die Mitarbeiter sind Unternehmer, die dann einen beauftragen, die leitende Funktion auszuführen oder wie man das immer organisiert.
Damit wird also, wenn das Geld in die Hand des Unternehmers kommt, er verpflichtet, das, was er sich vorgenommen hatte, auszuführen. Er und seine Mitarbeiter werden dadurch verpflichtet oder verpflichten sich, das auszuführen, was er sich vorgenommen hat. Er kann es jetzt tun, indem er das Geld in der Hand hat. Da sieht man, wie dies bezogen ist, dieser Geldstrom, der von der Bank ausgegeben wird: Das Geld – rechtlich geschützt durch die staatlichen Gesetze –, in der Hand des Unternehmers bedeutet es das Hereinrufen, das Berufen der Mitarbeiter und das zu tun, was notwendig ist.
Jetzt kommt noch eine Notwendigkeit der Geldordnung selbst dazu: Wenn das Geld herauskommt, muß es auch zurückkommen, damit es keinen Wirrwarr gibt, keine Inflation oder so etwas. Es muß kurzfristig zurückkommen. Wenn das Geld hier (II) in den Kaufprozeß hereinkommt – die Waren werden verzehrt und verschwinden, Konsumgüter verschwinden –, dann verliert das Geld seine Rechtsbedeutung (III), hat aber noch nicht die neue Rechtsbedeutung. Es kommt also auf diesem Wege von da kurzfristig zurück nach der Art von – sagen wir mal – Dreimonatswechseln oder so etwas ähnlichem, nach Wechselart. Das kommt zurück und hat auf diesem Wege keinen Wert mehr. (Zeichnung: rechts unten, Linie in Kreuzen) Jetzt haben wir ein merkwürdiges Bild: das Geld als Rechts

organ, einmal bezogen auf den Einsatz der Fähigkeiten in der Arbeit (ein Sich-Verpflichtensprozeß) und einmal Berechtigen und Berechtigtwerden zum Bezug von Konsumwerten (ein Berechtigungsprozeß) und ein Rücklaufen ohne Rechtsbeziehung! Wobei allerdings jetzt etwas ganz Wesentliches auftritt: Wenn wir nämlich sagen: Es ist das Geld, das hier herauskommt – als Idealfall selbstverständlich –, derartig, daß die Summe alles dessen, was da laufend hereinkommt, gleich der Summe der Preise dort. Das läßt sich natürlich kaum machen; denn es werden ja viele Waren kostenlos geliefert. So haben wir beispielsweise ein Gesetz, daß die öffentlichen Schulen ihre Werte kostenlos herausgeben. Da müssen selbstverständlich in den Preisen der anderen Waren entsprechende Überschüsse einkalkuliert sein. Oder eben all die Arbeit, die geschieht, um Investitionsgüter zu schaffen, Vorprodukte, Halbfabrikate, alles das muß ja einkalkuliert sein in die Konsumwertpreise. Durch heutige Kalkulationsprozesse in Unternehmen geschieht das ja auch. Das muß aber auch zurückkommen.

Und nun ist die Sache so, daß viele Unternehmen, die bei Produktionsbeginn verpflichtet werden, das Geld kurzfristig zurückzuzahlen, das gar nicht bestreiten können aus ihren Einnahmen. Es müssen also andere Unternehmen, die Überschüsse haben, diese Überschüsse den Unternehmen zugehen lassen. Und da dieses Geld überhaupt keine Wertbeziehung hat, ist das gar kein Problem. Denn das Unternehmen, das das Geld bekommt, die Überschüsse, sagen wir mal ein Warenhaus, was unmittelbar Konsumwerte liefert, hat enorme Überschüsse über das, was es eigentlich selbst ausgibt. Das meiste geht an andere Unternehmen. Das geht von Unternehmen zu Unternehmen weiter. Aber alles das, was jetzt nicht hereinkommt bei dem Schaffen von Investitionsgütern, muß doch zurückkommen. Da benötigt man eben ein Organsystem, das wir uns hier (nicht in der Zeichnung) vorstellen können, ein Organsystem im Rahmen des zurücklaufenden Geldes, was in assoziativer Weise so die Preise vereinbart mit den Unternehmen, daß die Summe aller Preise der Konsumwerte etwa gleich der Summe allen zurücklaufenden Geldes ist. Das ist dann das assoziative Miteinander, das Absprachen notwendig macht, dauernde Absprachen über die Preisfestsetzungen, wobei gar nicht in Betracht kommt, daß Gewinne da sind! Das Wort „Gewinn" ist hier völlig ausgeschaltet, weil das, was zurückkommt, Überschüsse sind, Geldüberschüsse sind (wenn solche auftauchen) oder Unterschüsse. Und das Ausgleichen zwischen Überschüssen und Unterschüssen, das muß durch ein *assoziatives Bankorgan*, das ja eng mit der Zentralbank zusammenhängen muß, stattfinden. 2)

Frage: Was die Preisgestaltung betrifft: Ich gehe davon aus, daß man über den Preis auch volkspädagogisch wirken kann, für bestimmte Güter. Sollte man da nicht auch diesen Kreis der beratenden Menschen insofern größer machen, daß nicht nur Bankfachleute und Unternehmer darüber beraten, sondern vielleicht auch Pädagogen?

Ja. Da haben Sie vollkommen recht. Die Zusammensetzung eines solchen Kollegiums, eines beratenden Gesprächkollegiums muß da hineinzielen, selbstverständlich, damit die wissen, was der Bedarf ist, damit Sie wissen, wie hoch man die Preise setzen kann. Was ist sinnvoll? Wie legt man die Preise der öffentlichen Verkehrsmittel fest? Kann man Sie noch tiefer setzen zugunsten von anderen Dingen, von Luxusgütern? Wie hoch kann man sie ansetzen? usw. Das sind alles ganz schwierige Fragen. Und das interessante ist, verehrte Freunde, wenn man den *„Nationalökonomischen Kurs"* von *Rudolf Steiner*

nimmt, dann geht von Anfang bis zum Ende: die Preisfrage ist die schwierigste. Da würde man gar nicht darauf kommen; denn wieso? Andere Dinge sind ja viel wichtiger, z.B. das, was ich hier dargestellt habe, über diese beiden Werteströme, die er auch darstellt am Anfang des Kurses. Und dann kommt durchgehend die Preisfrage. Das kann aber nur gelöst werden durch assoziative Gesprächsgruppen, also eine Verwandlung der heutigen Aufsichtsräte in ein Gremium von Sachverständigen, wo alle Sachkenntnis, die notwendig ist, einbezogen werden muß: z.B. Professoren der Hochschulen, soweit sie also nicht geradezu Scheuklappen, sondern Weitblick haben.
Jetzt haben wir hier dieses Bankorgan, dieses assoziative Organ auf der einen Seite, das Gespräch aus dem Wesen der Sache. Es setzt eigentlich voraus die *Goethe*sche Methode im Erkennen der Notwendigkeiten und urteilt über das, was notwendig ist, was an Initiativen, die aus dem Menschen herauskommen, verwirklicht werden kann und was nicht verwirklicht werden kann. Dann das Vereinbaren: ja, wie ist es mit dem Einkommen? Ganz schwierige Frage. Denn niemand kann selbstverständlich bei allem, was hier gearbeitet wird, sagen: „Das habe ich verdient." Das kann niemand sagen, sondern: „Ich arbeite immer mit anderen zusammen." Es muß also – es ist gar nicht drumherumzukommen – für all die Tätigen im Arbeitsfeld eine Einkommensordnung rechtlich vereinbart werden. Also, im Rahmen der bekannten Beamtenschaft hat man ja solche Stufungen, solche Tarifordnungen, Einkommensordnungen. Aber das jetzt aus einem freien Menschentum miteinander zu vereinbaren, ist natürlich ein ganz schweres Problem, das aber nicht unlösbar ist. Es ist nicht unlösbar; es wird gefordert von der Zeit. Im Wege des assoziativen Miteinander kann nicht der Einzelne sagen: „Ich verlange das!" Er kann es ja so machen: Er kann einem Unternehmer sagen – dieses

Unternehmen braucht einen Mitarbeiter für ein bestimmtes Gebiet. –: ,,Ja, ich schätze meinen Wert so ein, daß ich dieses Einkommen haben möchte." Dann sagt der Unternehmer: „Gut, machen wir!" Oder er sagt: „Das können wir leider nicht machen; innerhalb der Vereinbarungen über die Preise ist das nicht möglich!" Dann wird er sagen: „Gut, dann nehme ich auch weniger", oder er geht woanders hin; das ist ja freie Vereinbarung. Aber man kommt um eine solche Einkommensordnung nicht herum. Das ist natürlich für alle, die im Privatwirtschaftlichen Zuhause sind – und das sind die meisten Menschen ja heute, die in der Wirtschaft tätig sind –, natürlich ein Grauen. Dann sagt man: „Das ist ja Bolschewismus!" Man kommt um diese Ordnung nicht herum. Sobald man sieht, daß niemand für sich arbeiten kann, sondern immer nur mit den anderen zusammen, muß man auch die Einkommenshöhe danach vereinbaren. Man wird natürlich einfach aus dem Gerechtigkeitsbewußtsein heraus dafür sein, daß ein Mensch mit großen Fähigkeiten, der Bedeutendes leistet, auch einen Anspruch auf ein höheres Einkommen hat. Ich glaube, da wird niemand dagegen sein. Also ein Festsetzen: Jeder kriegt das Gleiche, das widerspricht einfach dem Rechtsempfinden eines gesunden Menschen, das ist klar. Das kann sich einmal in 100, 200, 300, 400 ... Jahren ändern. Aber heute ist es jedenfalls so.

Nun, verehrte Freunde! Damit haben wir im Grunde dieses Bild auch dargestellt: Dieses assoziative Prinzip, das diese Gesprächsordnung braucht, um zu überschauen, was der Bedarf selber zum größten Teil gar nicht äußern kann, weil er es gar nicht weiß. Also eine Gesprächsordnung aus dem Vorblick heraus sieht, was notwendig ist im Arbeitsfeld und möglich ist im Hinblick auch auf die Natur, möglich und notwendig ist aus dem Bedarf heraus, dieses Geistesleben, das hier auf der Seite der Bank ein gewisses Hauptorgan hat, weil ja eine solche Bank ein Mittelpunktorgan ist im Rahmen eines assoziativen Unternehmerkreises, einer Assoziation. Eine derartige Assoziation wird dann bestehen in einem solchen Unternehmerverband, wie er beispielsweise von *Heidt* und all seinen Freunden ins Leben gerufen worden ist, ein Unternehmerverband, in dem materiell produzierende und geistig produzierende Unternehmen miteinander vereint sind, eine Stiftung, die so eine Art Vorblick ist auf solche assoziativen Verbände, die dann auch wieder miteinander assoziiert sind und damit auch die Preisfestsetzungen treffen können im Rahmen von Branchenassoziationen. Ein Konkurrenzprinzip hat ja gar keinen Sinn, weil man ja nicht mehr auf Gewinn arbeitet. Alles das ist dann hier in diesen Gesprächsorganen vorhanden: Die Rechtsvereinbarungen, die nach dem Prinzip der Gleichheit der Menschen gestaltet werden und eine Änderung unserer heutigen Rechtsverhältnisse von Grund auf notwendig machen. Sobald man vom Privatwirtschaftlichen zum Assoziativwirtschaftlichen übergeht, braucht man andere Gesetze als die heutigen Wirtschaftsgesetze. Daher heißt ein Büchlein von mir *„Zeitgemäße Wirtschaftsgesetze"*[3].

Und dann eben das Geistesleben, das in diesen Organen wirksam ist. Sie sehen also auch gleich hier, wie die Grundprobleme, welche die sozialen Bewegungen im vorigen Jahrhundert heraufgebracht haben, wie die nicht durch irgendwelche Maßnahmen gelöst werden, sondern in der Sache selbst gelöst sind. Da ist einmal: *„Arbeit kann nicht Ware sein"*, diese volle Grundforderung des Marxismus. Hier wird niemals bezahlt, was der Einzelne getan hat, sondern er kriegt ja für die Zukunft das, was er braucht als Einkommen. Niemals wird auf das geblickt, was er getan hat. Man kann allenfalls das Maß des Einkommens nach seinen Fähigkeiten ausrichten, nämlich das, was er leisten kann. Das ist ja aus dem Gerechtigkeitsprinzip heraus durchaus gefordert. Aber es hat nichts miteinander zu tun: das Empfangen des Geldes als Einkommen und das, was ich gearbeitet habe.

Frage: Sie sagen, daß man durchaus die Höhe des Einkommens nach den Fähigkeiten bemessen kann. Jetzt meine ich aber, wenn man sich das anhört und verstanden hat, was Sie da schildern, dann geht das eigentlich gar nicht mehr aus dem hervor! Es gibt doch keine isolierte Leistung mehr.

Da haben Sie ganz recht! Aber die Menschen haben doch verschiedene Fähigkeiten. Das ist ganz sicher. Es gibt Menschen, die hochbegabt sind und andere, die wenig begabt sind. Es gibt einfach eine Qualität, die man dem heutigen Rechtsempfinden nach bewerten kann in der Höhe des Einkommens, das man miteinander vereinbart. Aber wir können das ja offen lassen, ob vielleicht ein Idealzustand da ist, daß jeder das gleiche Einkommen erzielen soll, oder ob man das nach der Kinderzahl (oder so etwas) bemißt. Das ist ja auch ein Kriterium, ganz zweifellos. So gibt es viele Kriterien, die man da anwenden muß. Das ist ein schwieriges Problem, ganz gewiß. Aber es geht auf keinen Fall, daß das, was geleistet wird, bezahlt wird.

Frage: Das kann also kein Kriterium sein. Genau! Das, was geleistet wird – so habe ich das auch verstanden –, kann nicht Kriterium einer Einkommenshöhe sein, weil man das in seiner Bedeutung für das Ganze nicht mehr aufschlüsseln kann.

Richtig!

Frage: Wenn das Rechtsbewußtsein zur Zeit noch so ist, daß die Menschen unterschiedlich bezahlt werden müssen, weil sie eben qualitativ verschiedene Fähigkeiten haben, dann kann man das ja auch wiederum frei vereinbaren im Rechtssystem. Und wenn das Rechtssystem doch schon so sein sollte, daß man mehr ein gleiches Einkommen hat, kann man es eben so vereinbaren.

Richtig, ja genau! Man wird es z.B. so einrichten können, daß man es innerhalb eines Unternehmens oder eines Unternehmensverbandes ganz anders vereinbart, als es allgemein gültig ist.
Ja, das wäre das eine: *Arbeit kann nicht zur Ware werden!* Diese große Forderung des Menschlichen, der Menschenwürde ist hiermit völlig gelöst, tritt gar nicht auf.
Arbeiten für den Gewinn, also im Hinblick auf den Gewinn arbeiten, ist sinnlos, weil das Geld, das zurückkommt, überhaupt gar keine Wertbedeutung hat. Es hat keinen Sinn auf Gewinn zu arbeiten, sondern es wird vereinbart: Wie groß können die Überschüsse sein über die eigenen Ausgaben, damit andere Unternehmen, die keine Einnahmen haben, davon das zurücklaufende Geld bekommen – nicht bezahlt werden. Man sieht ein: Ja, ein Unternehmen muß – sagen wir mal eine Schule – wirken, aber es soll keine Preise nehmen für seine Werte. Da muß das Geld, das sie ausgeben, zurückkommen. Das ist also eine einfache Angelegenheit, schwierig zu handhaben selbstverständlich, vereinbart aber innerhalb des Assoziativen. Das Wort „Gewinn" ist einfach sinnlos. Vielmehr muß man von „Überschüssen" sprechen, wobei man dann die Preisfestsetzungen miteinander bespricht, das schwierigste Problem, das im assoziativen Zusammenhang zu lösen ist.
Und die dritte Krankheit der heutigen Arbeitswelt das ist eben

das Eigentum an Produktionsmitteln, ich meine jetzt die produzierten Produktionsmittel. Grund und Boden ist noch eine Sache für sich. Die produzierten Produktionsmittel können nicht gekauft werden. Kaufen kann man nur mit diesem Geld (Zeichnung: Geld als Berechtigung) hier. Das ist bezogen auf Waren, die hierher gehören (Bedarfsfeld). Wenn ich mir ein Privathaus bauen lasse von meinem Einkommen, dann bekomme ich das geliefert hier (III); dann gehört das mir. Grund und Boden ist noch ein anderes Problem, Rechtsproblem. Aber hier: ein Eigentum in diesem Sinne eines Privateigentums an Produktionsmitteln ist sinnlos in diesem Zusammenhang!
Diese drei großen sozialen Probleme: Arbeit als Ware, das Wirtschaften auf Gewinn und das Eigentum an Produktionsmitteln ist im Assoziativen nicht möglich. Es gibt total falsche Richtlinien, Richtungen des Wirtschaftens, wenn man dann eben in privatwirtschaftlicher Art im Assoziativen wirkt. Das widerspricht sich selbst. Unser ganzes Rechtsordnungssystem, das ganz auf das Privatwirtschaftliche, auf das Eigentum an Produktionsmitteln eingestellt ist, bedarf einer notwendigen Änderung. Das sind eingreifende Gesetze. *Rudolf Steiner* war sich darüber immer klar, daß das eine revolutionierende Angelegenheit ist, die *Dreigliederung des sozialen Organismus*. Das kann man nicht so durch Änderung von gewissen Dingen bewirken: *Eigentumsrecht an Grund und Boden* oder so etwas, oder meinetwegen, daß man einen Teil der Überschüsse ansieht als „Gewinn für die Allgemeinheit", wie *Professor Wilken*[4) das in schöner Weise macht, so daß ein Teil der Überschüsse, die ein Unternehmen hat, nicht als Gewinn des Unternehmens betrachtet wird, sondern als der Allgemeinheit gehörend. Hier kann man viele solche Dinge entwickeln, Gedanken entwickeln, die auf eine Besserung der Verhältnisse ausgehen. Aber Sie greifen die Sache nicht im Kern. Im Kern ist sie einfach

revolutionär: eben die Sache, die ich hier dargestellt habe. Und das erschreckt dann auch viele Menschen und gerade die, die sehr im Privatwirtschaftlichen heute darinnen stehen.

Ja, das wäre es in etwa, verehrte Freunde, was ich hier darstellen wollte mit diesem Bilde. Das Bild ist, wenn man so will, ein „Gestalturbild". *Goethe* hat ja diesen Begriff des „Typus" geprägt gegenüber den organischen Gestalten der höheren Tiere. Er spricht von einem „Typus der höheren Tiere", der sich in mannigfaltigen Weisen darstellen kann. Aber man kann jeden dieser Organismen in der gleichen Weise beschreiben: mit dem Knochengerüst, mit dem Herz, mit der Lunge. All die Organe sind ja in jedem der höheren Tiere darinnen. Das Urgestaltbild der höheren Tiere nennt er „Typus". Und damit kam er nicht ganz durch. Er kam mit dem Metamorphose-Gedanken nicht ganz durch, den dann erst *Rudolf Steiner* hinzubrachte. Auf diesen Metamorphose-Begriff konnte *Goethe* nicht zurückgreifen. Das war damals unmöglich. Dazu gehören dann eben solche Forschungsmöglichkeiten und Erkenntnisse, wie sie durch diesen großen Geist geschaffen worden sind. Und deswegen wird auch gesagt, daß das, was wir machen, nicht *Goethisch* sei. Oder man sagt so: Man kann den sozialen Organismus nicht mit *Goethe*scher Methode finden; denn *Goethe* ist ja an dieser Metamorphosenlehre bei dem Typus der höheren Tiere gescheitert. Er kam damit nicht durch. Und darum können wir das auch nicht machen; darum muß man anders vorgehen. Man muß so vorgehen – wird dann gesagt –: Weil *Rudolf Steiner* eine so überragende Erkenntnismöglichkeit hatte, muß man das nehmen, was er gesagt hat, und das dann durchführen. Man muß ausgehen, heißt es dann, von dieser und jener Aussage *Rudolf Steiners* und das dann tun. Diese Kämpfe, diese Art des Dogmatismus – im guten Sinne gemeint

sozusagen – und dieses immanente Verfahren, das die Wesensordnung aufsucht, diesen Unterschied werden Sie, wenn Sie das bedenken, was hier gemacht worden ist, vor Augen haben.
Wenn man aus der Gestaltordnung des Ganzen heraus einsieht: das ist in sich gegründet, das ist eine Idee, zu der man im Beschreiben der Phänomene aufsteigen kann, ein in sich Gegründetes, nicht in *Rudolf Steiner* Gegründetes, nicht in einem selbst Gegründetes, sondern ein in sich gegründetes Ideenganzes, aus dem heraus man alle Fragen in eine richtige Richtung bringen kann, wenn Sie dann den Begriff des „sozialen Organismus" noch so fassen, wie ich es anfangs versuchte darzustellen, als die Grundlage des sozialen Lebens, dann hat man ein Instrument in der Hand, mit dem man alles beurteilen kann, was heute passiert. Man kann beurteilen, was heute passiert, ob es gesund oder krank ist. Und man sieht die Aufgabe vor Augen, das zu einer volkspädagogischen Bewegung großen Stiles auszubauen. Das kann man nicht einführen durch Gesetze, das kann man nur einführen aus der Erkenntnis eines großen Teiles aller wachen Menschen im Volkszusammenhang Mitteleuropas. Und daher dieses Streben, das man gar nicht dankbar genug anerkennen kann, was eben von den hiesigen Freunden des *Achberger Kreises* ausgeht, eine volkspädagogische Bewegung hervorzurufen, wo im Mittelpunkt steht die Lehre, die *Elementarlehre des sozialen Organismus in seiner Freiheitsgestalt*.

Also, das wollte ich ihnen heute noch darstellen.

– Beifall –

Anmerkungen siehe nächste Seite.

Anmerkungen

1. *Goethe: Faust II, AI, Saal des Thronos, 5061 - 64*
2. *vgl. Schmundt: Erkenntnisübungen zur Dreigliederung des sozialen Organismus, Achberg 1982, S. 95*
3. *Wilhelm Schmundt: Zeitgemäße Wirtschaftsgesetze, Achberg 1982*
4. *Prof. Folkert Wilken, Freiburg*

Joseph Beuys

AKTIVE NEUTRALITÄT

Die Überwindung von Kapitalismus und Kommunismus

Ein Vortrag mit Diskussion am 20.1.85 in Rorschach/Schweiz, der „meditative" unter den Beuys-Vorträgen

— kart., Fadenbindung, DIN A5-tb mit zwei Photos, 40 Seiten, 4. Auflage, 12 ,—DM

— als Audio-Kassette, 95 Min. 24,— DM

— Als Video-Kassette, 95 Min. 178,— DM

Sinnspruch aus dem Vortrag:

„Stellen wir uns einmal vor, der Mensch, die Menschheit würde sich in einen ganz reinen, seelischen Zustand versetzen, d.h. sie würde sterben, so würde sie sich damit noch keineswegs außerhalb des Wirtschaftlichen befinden. Die Freiheit, die Gleichheit, die Brüderlichkeit - das Kapital - gelten auch im Übersinnlichen, ja, sie sind geradezu übersinnliche Substanzformen, sind Lebewesen, sind Wirklichkeiten, weil sie Ideen sind."

Petra Kelly, Joseph Beuys

DIESE NACHT, IN DIE DIE MENSCHEN ...

Einleitung Gerald Häfner: "Der Tod im Leben von P. Kelly und J. Beuys", Wahlkampfveranstaltung 1982 in Kempten: "Auf dem Weg zu einer neuen Gesellschaft", Vortrag Petra Kelly: "J. Beuys war immer schon fort, wenn die anderen kamen."
Symposion Düsseldorf 1992, Johannes Stüttgen: "Symmetrie", Anhang: Frühe Dokumente von Künstlern u. FIU-Mitarbeitern für Die Grünen

148 Seiten, über 50 Abb., Format: DIN A5, Fandenbindung, hardcover
Wangen 1994, ISBN 3-928780-07-7 28,— DM

Bärbel Bohley: „sehr berührt"

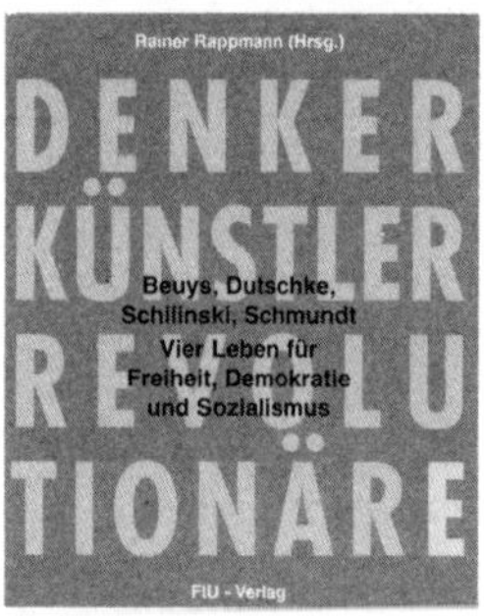

Rainer Rappmann (Hrsg.)

DENKER, KÜNSTLER, REVOLUTIONÄRE

Beuys, Dutschke, Schilinski, Schmundt:
Vier Leben für Freiheit, Demokratie und Sozialismus

mit Beiträgen von Joseph Beuys, Heinrich Böll, Wilfried Heidt, Karlheinz Flau, Henning Köhler, Walter Kugler, Rainer Rappmann, Ulrich Rösch, Peter Schilinski, Wilhelm Schmundt und Ulle Weber.
180 Seiten, über 130 Abb., Format: 200 x 240 mm
Wangen 1996, ISBN 3-928780-13-1 46,-DM

Joseph Beuys und Michael Ende

KUNST UND POLITIK — Ein Gespräch

(vom 8. Februar 1985), Wangen 1989, 120 S., 22 Photos, Fadenbindung, farbiges Umschlagbild; der Künstler als Spezialist (Schriftsteller) im Gespräch mit dem Vertreter des Erweiterten Kunstbegriffs: eine spannende Begegnung

kartoniert 32,— DM
Leinenausgabe 42,— DM
90-min. Ton-Kassette vom 2. Tag der Gespräche (9.2.1985) 24,— DM
Vorzugsset komplett im Karton enthält:
Leinenausgabe, Tonkassette 74,— DM

Brigitte Krenkers/Johannes Stüttgen
AKTION OST/WEST, Omnibus für Direkte Demokratie in Deutschland
Vorträge, Diskussionen, Interviews, Bus-Tagebuch zu Volkssouveränität u. Mitentscheidungsrecht, zur Deutschen Frage, zum Erweiterten Kunstbegriff, „Wo ist Element 3?", 96 Seiten, 16 Abb. u. Zeichnungen, Fadenheftung, Wangen 1991 28,— DM

Volker Harlan, Dieter Koepplin, Rudolf Velhagen
JOSEPH BEUYS-TAGUNG, Basel 1.—4. Mai 1991
35 Referate der 1. Beuys-Tagung, ihre Diskussionen, Bilder, Streitereien, 310 S., ca. 100 Abb., in Leinen gebunden, mit vielen Forschungen von Kunsthistorikern und Beuysexistentialisten 108,— DM

Eva, Wenzel, Jessyka Beuys
BLOCK BEUYS
mit vielen Farbphotographien des Beuys-Block im Hessischen Landesmuseum Darmstadt, wo der wichtigste, zusammenhängende Werkkomplex ausgestellt ist, 412 Seiten, 335 Abb., Prachtband, 268,— DM

Volker Harlan, Rainer Rappmann, Peter Schata
SOZIALE PLASTIK — Materialien zu Joseph Beuys
3. erw. Aufl., Achberg 1984, 160 S., viele Photos u. Zeichnungen, Werk- und Stichwortverzeichnis, zwei Aufsätze und ein Vortrag von Joseph Beuys, gilt als eines der besten Einführungswerke 32,— DM

Mario Kramer
JOSEPH BEUYS: DAS KAPITAL RAUM 1970 - 1977
240 Seiten, Leinen, Großformat, 95 Abb., über Entstehung und Bedeutung der Raumplastik in Schaffhausen, Beuys' künstlerisches Resümee der siebziger Jahre mit Entsprechungen zu „Was ist Geld?" (Tafeln!) Interview vom 9.12.84, umfangreiche Analyse und Materialsammlung 56,— DM

Stiftung Schloß Moyland (Hrsg.)
JOSEPH BEUYS-SYMPOSIUM KRANENBURG 1995
mit (fast) allen Beiträgen, 368 S., über 100 Abb. gebunden 83,– DM

Johannes Stüttgen
FETTECKE
Die Geschichte der Fettecke von Joseph Beuys in Raum 3, Staatl. Kunstakademie Düsseldorf und der Prozeß J. Stüttgen gegen das Land NRW, 151 Seiten, viele Abb. u. Photos, in fester Graupappe, fadengeb.,1989 54,— DM

Fernando Groener u. Rose-Maria Kandler (Hrsg.)
7000 EICHEN — JOSEPH BEUYS
mit Beiträgen von J. Beuys, J. Stüttgen, R.Thönges-Stringaris, K.H. Hülbusch, N. Scholz, S. Sander, F. Dahlem u.a., viele Photos, Abb. u. Zeitungsausschnitte, Chronologie 1982—1987, 263 Seiten 38,— DM

Johannes Stüttgen
ZEITSTAU — Im Kraftfeld des Erweiterten Kunstbegriffs von Joseph Beuys
7 Vorträge aus dem Todesjahr von Beuys zum Spannungsfeld von Werk u. Idee, 75 Abb., 54 Figuren (Zeichnungen), 192 Seiten, kartoniert, DIN A4-Buch 58,— DM

Wilhelm Schmundt
ERKENNTNISÜBUNGEN ZUR DREIGLIEDERUNG DES SOZIALEN ORGANISMUS
Durch Revolution der Begriffe zur Evolution der Gesellschaft
2. erw. Aufl. 1982, vierfarb. Titelillustration von J. Beuys: „Die Wärmezeitmaschine in der Ökonomie", 252 Seiten, tb, Zeichnungen von W. Schmundt 18,50 DM

Volker Harlan
WAS IST KUNST? Werkstattgespräch mit Beuys
(v. 23. April 1979), 50 Abb., 124 S., vier Aufsätze von V.Harlan 38,— DM

Friedhelm Mennekes
BEUYS ZU CHRISTUS/BEUYS ON CHRIST — Eine Position im Gespräch
Faksimilie-Nachdruck der Original-Korrektur von J. Beuys,
zweisprachig: englisch/deutsch, 152 S., 11 Abb., 1989 26,80 DM

Veit Loers, Pia Witzmann (Hrsg.)
JOSEPH BEUYS — DOKUMENTA — ARBEIT
Katalog zur Kasseler Ausstellung, Stuttgart 1993, 300 S., 300 Abb., dav. 50 farbig, im Rahmen der größten modernen Kunstshow entfaltet sich der Erweiterte Kunstbegriff: spannende Analysen! 78,— DM

Fordern Sie unseren umfangreichen Gesamtkatalog mit Publikationen, Postkarten, Plakaten, Aufklebern, Multiples etc. für 5,— DM in Briefmarken an!

FIU-Verlag und -Versand, D-88239 Wangen/Allgäu

Rainer Rappmann (Hrsg.)

Die Kunst des sozialen Bauens –

Beiträge zu Wilhelm Schmundt

Eine umfassende, vielseitige Würdigung eines Menschen, der in jahrzehntelangem Ringen den Keim für eine zukünftige Wirtschaft gelegt hat und für Beuys zur entscheidenden Erkenntnisgrundlage wurde: „Unser großer Lehrer".

In Schmundts Arbeit liegt eine Revolution verborgen, allerdings eine Revolution des Denkens, die eine heilsame Evolution des Handeln auslösen würde, immer vorausgesetzt, sie wird wahrgenommen und ergriffen. Das Entscheidende an seinen Forschungsergebnissen ist, daß sie radikal sind, d. h. an die Wurzel, an die Idee des sozialen Ganzen selbst heranreichen, jedoch keine Handlungsanweisung darstellen, sondern jeden Menschen frei, aber auch verantwortlich handeln lassen. Es ist nicht vermessen, zu sagen, daß hier in den Rachen des Drachen gegriffen wird, der sich anschickt, die Welt zu verschlingen.

„Eine schlichte und endgültig fällige Dokumentation über die Beziehung zwischen Beuys und Schmundt."
Rudolf Bind in ‚Das Goetheanum'

„Es gibt nur einen Ausweg (aus dem Würgegriff der kapitalistischen Geldmaschine): die Bändigung des Geldes durch eine demokratische Rechtsordnung als Bedingung der Freiheit des Einzelnen und aller… ‚Die Kunst des soz. Bauens' – ein von Rainer Rappmann zupackend eingeleiteter und vorbildlich gestalteter Band!"
Wilfried Heidt in ‚Novalis'

mit Beiträgen von Joseph Beuys, Walter Dahn, Ulrich Rösch, Prof. Leif Holbaek-Hanssen, Günter Lierschof, Dr. Frank Meyer, Johannes Stüttgen, Bernd Volk und Richard Wagner sowie Originalbeiträgen von Wilhelm Schmundt, umfangreiches Bild- und Dokumentationsmaterial,
131 Seiten, Format: Achberger Reihe, Fadenbindung, Umschlag: blauer Karteikarton / silbern bedruckt, ISBN 3-928780-05-0,
36,- DM / 37,- Sfr / 281,- öS

WILHELM-SCHMUNDT-ARCHIV

Das Archiv wurde 1990 gegründet.

Neben dem Sammeln und Archivieren der Schriften und Dokumente hat das Archiv die Aufgabe, dieses Material für Studien- und Forschungszwecke zur Verfügung zu stellen.

Das Archiv wird betreut von Bernhard Volk in Zusammenarbeit mit Familie Schmundt/Hannover sowie einem Beraterkreis.

Das Archiv umfaßt:

* Schriften zur Naturwissenschaft
* Schriften zur Sozialwissenschaft
* unveröffentlichte Schriften
* Schriften zur Biographie
* Briefe
* Dokumente der Auseinandersetzung mit Wilhelm Schmundt

Das Archiv sucht:

* Aufsätze von W.Schmundt in Zeitschriften
* Stellungnahmen und
* Besprechungen zu W.Schmundt
* sowie Fotodokumente

WILHELM-SCHMUNDT-ARCHIV
c/o B. Volk
88228 Wangen i.A.
Postfach 1202
FAX: 07522/80955